Molière

Le Tartuffe
ou l'Imposteur

Classiques & Patrimoine

Appareil pédagogique par
Cécile Pellissier
professeur de lettres

Lexique établi par
Christine Girodias-Majeune

MAGNARD

Présentation :
l'auteur, l'œuvre et son contexte

Molière	**4-5**
Le Tartuffe	**6-7**
Au temps de Louis XIV	**8-9**
Le contexte : frise historique et culturelle	**8-9**

Le Tartuffe
de Molière
Texte intégral _____ **10**

Étude de l'œuvre :
séances

Séance 1 **Religion et dévotion** _____ **125**

LECTURE, ÉTUDE DE LA LANGUE, EXPRESSION, PATRIMOINE
Contextualisation : La religion au temps de Molière :
le catholicisme
Méthode : Comment analyser l'exposition

Séance 2 **Mensonge, hypocrisie et imposture** _____ **129**

LECTURE, ÉTUDE DE LA LANGUE, EXPRESSION, PATRIMOINE
Notions littéraires : Le théâtre classique
Contextualisation : Les directeurs de conscience
Méthode : Comment analyser les fonctions du personnage de théâtre

Séance 3 **La comédie au service des idées** _____ **133**

LECTURE, ÉTUDE DE LA LANGUE, EXPRESSION, PATRIMOINE
Notions littéraires : Les formes du comique
Méthode : Comment reconnaître et analyser les différentes
sortes de répliques

Sommaire

Séance 4 **Portraits contrastés** **137**

LECTURE, ÉTUDE DE LA LANGUE, EXPRESSION, PATRIMOINE
Notions littéraires : Les figures de style : atténuation
et amplification
Méthode : Comment analyser le registre comique

Séance 5 **La jeunesse et l'amour** **141**

LECTURE, ÉTUDE DE LA LANGUE, EXPRESSION, PATRIMOINE
Histoire des arts : Le théâtre, la musique et la danse,
divertissements royaux
Méthode : Comment repérer les différentes étapes de l'action
dramatique

Séance 6 **L'ordre menacé et rétabli** **145**

LECTURE, ÉTUDE DE LA LANGUE, EXPRESSION, PATRIMOINE
Notions littéraires : La satire
Méthode : Comment analyser la mise en scène d'une pièce
de théâtre

Autour de l'œuvre : textes et image dans le contexte

ROMAN : *La conquête de Plassans*, ÉMILE ZOLA **149**
        QUESTIONS

THÉÂTRE : *Asmodée*, FRANÇOIS MAURIAC **151**
        QUESTIONS

PHOTO : *Le Tartuffe*, ÉRIC LACASCADE **153**
        QUESTIONS

Lexique **154**

Présentation : l'auteur, l'œuvre et son contexte

Molière
(1622-1673)

Jean-Baptiste Poquelin naît à Paris en janvier 1622 au sein d'une famille bourgeoise. À 10 ans, il perd sa mère qui meurt de maladie. Il suit une bonne scolarité chez les jésuites et fait des études de droit à Orléans. Très vite attiré par le monde du théâtre, il refuse de prendre la suite de son père, qui a obtenu en 1631 la charge de tapissier du roi. Il fonde l'Illustre-Théâtre en 1643 avec la famille Béjart et six autres comédiens, et prend le pseudonyme de Molière.

Les débuts à Paris sont difficiles : c'est la faillite. La troupe s'associe alors à celle de Charles Dufresne et part en tournée dans toute la France de 1645 à 1658. Molière en devient le directeur en 1650. La troupe présente des tragédies, de courtes farces qu'il a composées, ainsi que ses deux premières comédies, *L'Étourdi* (1655) et *Le Dépit amoureux* (1656). Elle bénéficie un temps de la protection du prince de Conti, qui deviendra dévot et condamnera finalement le théâtre.

En 1658, la troupe de Molière revient à Paris. Le frère du roi, Monsieur, la prend sous sa protection et lui attribue une salle de spectacle, le Petit-Bourbon. Elle remporte un grand succès en jouant *Les Précieuses ridicules* (1659), puis *L'École des femmes* (1662), ce qui accentue la jalousie et les provocations des acteurs de l'Hôtel de Bourgogne et de l'Hôtel du Marais et d'auteurs rivaux (comme Corneille et Racine).

En 1662, Molière se marie avec Armande Béjart, de vingt ans plus jeune que lui. En 1663, Louis XIV lui accorde sa protection et lui verse une pension annuelle, acceptant même de devenir le parrain de son fils Louis. C'est la consécration : il est à la fois auteur, directeur et acteur comique réputé interprétant ses pièces devant les plus grands, que ce soit au théâtre du Palais-Royal (à partir de 1660), ou devant la cour au château de Versailles. Cependant, il connaîtra des revers, tant dans sa vie familiale que dans sa vie professionnelle. Deux de ses enfants meurent en bas âge, sa jeune femme le délaisse et, malgré le soutien du roi, il est attaqué par les dévots qui obtiennent la censure de certaines de ses pièces (*Dom Juan*, en 1665, et *Le Tartuffe*, en 1664 et 1667). Il obtient cependant le statut de « troupe du roi » en 1666 et continue d'écrire et d'interpréter avec ses comédiens une dizaine de pièces.

Malade depuis l'âge de 43 ans, il meurt le 17 février 1673, à 51 ans, à l'issue de la quatrième représentation du *Malade imaginaire*.

Molière n'a pas hésité à mettre en lumière les travers de la société de son temps et à dénoncer certains comportements individuels. Pour cela, il a utilisé toutes les formes de comique, aussi bien dans ce que l'on a appelé ses « grandes comédies » (*Le Tartuffe*, 1664-1669 ; *Dom Juan*, 1665 ; *Le Misanthrope*, 1666 ; *L'Avare*, 1668 ; *Les Femmes savantes*, 1672) que dans ses comédies-ballets (*Les Fâcheux*, 1661 ; *Le Mariage forcé*, 1664 ; *Le Bourgeois gentilhomme*, 1670 ; *Le Malade imaginaire*, 1673), ses farces (*Le Médecin volant* ou *La Jalousie du barbouillé*), et ses comédies plus légères (*L'Amour médecin*, 1665 ; *Le Médecin malgré lui*, 1666 ; *Les Fourberies de Scapin*, 1671).

Présentation : l'auteur, l'œuvre et son contexte

Le Tartuffe (1664-1669)

En 1664, Molière est encore jeune, en bonne santé et au sommet de sa gloire. Il se sent suffisamment solide pour oser ridiculiser sur scène n'importe quelle catégorie de personnes. Après avoir caricaturé les médecins (*Le Médecin volant*), les femmes (*Les Précieuses ridicules*, 1659) et les petits marquis (*Les Fâcheux*, 1661, et *La Critique de L'École des femmes*, 1663), tourner en dérision les dévots et se moquer de leur hypocrisie ne sont pas des actes qui lui font peur. Mais il ne s'attendait certainement pas à connaître une telle opposition et, de toutes ses pièces, *Le Tartuffe* est la plus difficile à mettre en scène. Il doit en présenter trois versions, affrontant à chaque fois la colère de personnalités puissantes auxquelles même le roi ne peut s'opposer directement. Vainqueur, soutenu par le roi qui reste son protecteur, Molière sort malgré tout affaibli et amer de cette longue querelle.

La première version, intitulée *Tartuffe ou l'Hypocrite*, comprend trois actes et est représentée à Versailles, le 12 mai 1664, à l'occasion des fêtes des «Plaisirs de l'île enchantée». Louis XIV, alors âgé de 25 ans, a organisé ces fêtes somptueuses officiellement en l'honneur de sa mère, Anne d'Autriche, et de sa femme, la reine Marie-Thérèse, mais elles sont en réalité dédiées à sa maîtresse, Louise de Lavallière. Il assiste à la représentation, qui obtient un vif succès, et n'y trouve rien à redire. Mais la comédie, qui met en scène un homme d'église, fait scandale chez les dévots et provoque la colère de la reine mère. Le roi décide donc d'en interdire les représentations publiques.

La seconde version, *Panulphe ou l'Imposteur*, est jouée le 5 août 1667 au Palais-Royal, en l'absence du roi parti sur le front des

Flandres. Molière est confiant : sa puissante opposante Anne d'Autriche morte en 1666, le parti des dévots est affaibli, et il a sensiblement remanié le texte. Le personnage principal n'est plus un homme d'église mais un homme du monde, et les passages contestés de la première version ont été modifiés. Cependant, malgré son succès retentissant lors de la première représentation, la pièce est à nouveau interdite sur intervention du premier président du parlement de Paris, Guillaume de Lamoignon, membre de la Compagnie du Saint-Sacrement et ancien proche d'Anne d'Autriche. Le 11 août, l'archevêque de Paris la censure, menaçant d'excommunication quiconque la lirait ou la verrait.

La troisième et dernière version intitulée *Le Tartuffe ou l'Imposteur*, est représentée le 5 février 1669 au Palais-Royal. La comédie, en vers, comporte désormais cinq actes. Le personnage principal est « directeur de conscience » laïc. C'est cette version que nous avons conservée et que vous allez lire. Elle obtient un immense succès, succès qui ne s'est jamais démenti : jouée plus de 3 200 fois depuis sa création, c'est la comédie de Molière qui a été le plus souvent mise en scène.

Présentation : l'auteur, l'œuvre et son contexte

Au temps de Louis XIV

Après les cahots du début du siècle (la Fronde, la guerre de Trente ans, les révoltes religieuses et paysannes...) et dans la continuité du gouvernement de Richelieu, Louis XIV maintient la société française sous contrôle permanent et établit la monarchie absolue de droit divin. Il accroît sa puissance aussi bien dans les provinces françaises que dans les colonies d'outre-mer et dans les pays d'Europe. Il soumet la noblesse en imposant une étiquette très élaborée. Il édifie ainsi un État

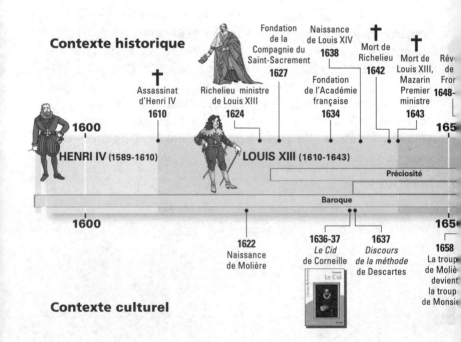

centralisé, dans lequel tout est ordonné et vérifié, y compris les opinions religieuses, les mouvements littéraires et artistiques. Grâce au mécénat, il s'entoure de nombreux artistes, tels les dramaturges et écrivains Molière, Racine, Boileau, Bossuet, le musicien Lully, les architectes et paysagistes Hardouin-Mansart, Vauban, Le Vau, et Le Nôtre, les peintres et décorateurs Mignard et Le Brun. La Fontaine, Perrault, la marquise de Sévigné, La Bruyère et Saint-Simon, écrivains plus indépendants, marquèrent également son règne.

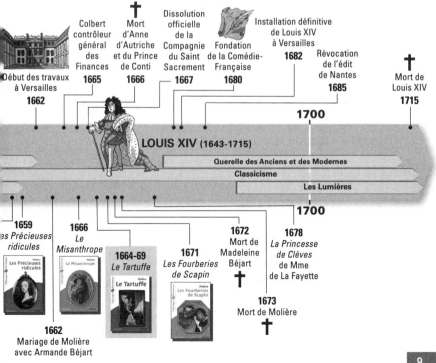

Le Tartuffe

Le Tartuffe

Comédie

PERSONNAGES

MADAME PERNELLE, mère d'Orgon

ORGON, mari d'Elmire

ELMIRE, femme d'Orgon

DAMIS, fils d'Orgon

MARIANE, fille d'Orgon et amante de Valère

VALÈRE, amant de Mariane

CLÉANTE, beau-frère d'Orgon

TARTUFFE, faux dévot[1]

DORINE, suivante de Mariane

MONSIEUR LOYAL, sergent[2]

UN EXEMPT[3]

FLIPOTE, servante de Madame Pernelle

La scène est à Paris.

Vocabulaire
1. *Dévot* : personne pieuse, très attachée aux pratiques religieuses.
2. *Sergent* : huissier (chargé des poursuites judiciaires).
3. *Exempt* : officier de police.

Acte I, scène 1

Acte I

Scène 1

MADAME PERNELLE et FLIPOTE, sa servante,
ELMIRE, MARIANE, DORINE, DAMIS, CLÉANTE

MADAME PERNELLE
Allons, Flipote, allons, que d'eux je me délivre.

ELMIRE
Vous marchez d'un tel pas, qu'on a peine à vous suivre.

MADAME PERNELLE
Laissez, ma bru[1], laissez, ne venez pas plus loin :
Ce sont toutes façons, dont je n'ai pas besoin.

ELMIRE
5   De ce que l'on vous doit envers vous on s'acquitte.
Mais, ma mère, d'où vient que vous sortez si vite ?

MADAME PERNELLE
C'est que je ne puis voir tout ce ménage-ci[2],
Et que de me complaire, on ne prend nul souci.
Oui, je sors de chez vous fort mal édifiée[3] ;
10 Dans toutes mes leçons j'y suis contrariée ;
On n'y respecte rien ; chacun y parle haut,
Et c'est tout justement la cour du roi Pétaut[4].

Vocabulaire et nom propre
1. *Bru* : belle-fille (épouse du fils).
2. *Ménage-ci* : désordre.
3. *Édifiée* : renseignée sur ce qui se passe chez vous.
4. *Cour du roi Pétaut* : lieu de grande confusion. Pétaut serait le nom donné par les mendiants du Moyen Âge au chef qu'ils désignaient, mais qui n'avait aucune autorité et laissait faire à ses sujets tout ce qu'ils voulaient.

Le Tartuffe

DORINE

Si…

MADAME PERNELLE

Vous êtes, mamie, une fille suivante
Un peu trop forte en gueule, et fort impertinente :
15 Vous vous mêlez sur tout de dire votre avis.

DAMIS

Mais…

MADAME PERNELLE

Vous êtes un sot en trois lettres, mon fils ;
C'est moi qui vous le dis, qui suis votre grand-mère ;
Et j'ai prédit cent fois à mon fils, votre père,
Que vous preniez tout l'air[1] d'un méchant garnement,
20 Et ne lui donneriez jamais que du tourment.

MARIANE

Je crois…

MADAME PERNELLE

Mon Dieu, sa sœur, vous faites la discrète,
Et vous n'y touchez pas[2], tant vous semblez doucette ;
Mais il n'est, comme on dit, pire eau que l'eau qui dort,
Et vous menez sous chape[3] un train que je hais fort.

ELMIRE

25 Mais, ma mère…

MADAME PERNELLE

Ma bru, qu'il ne vous en déplaise,

Vocabulaire
1. *Tout l'air* : manière d'agir, comportement.
2. *Vous n'y touchez pas* : vous ne vous faites pas remarquer.
3. *Sous chape* : en douce.

Acte I, scène 1

Votre conduite en tout est tout à fait mauvaise ;
Vous devriez leur mettre un bon exemple aux yeux,
Et leur défunte mère en usait beaucoup mieux.
Vous êtes dépensière ; et cet état[1] me blesse,
30 Que vous alliez vêtue ainsi qu'une princesse.
Quiconque à son mari veut plaire seulement,
Ma bru, n'a pas besoin de tant d'ajustement[2].

CLÉANTE

Mais, Madame, après tout…

MADAME PERNELLE

Pour vous, Monsieur son frère,
Je vous estime fort, vous aime, et vous révère ;
35 Mais enfin, si j'étais de mon fils, son époux,
Je vous prierais bien fort de n'entrer point chez nous.
Sans cesse vous prêchez des maximes de vivre[3]
Qui par d'honnêtes gens ne se doivent point suivre.
Je vous parle un peu franc ; mais c'est là mon humeur,
40 Et je ne mâche point ce que j'ai sur le cœur.

DAMIS

Votre Monsieur Tartuffe est bien heureux sans doute…

MADAME PERNELLE

C'est un homme de bien, qu'il faut que l'on écoute ;
Et je ne puis souffrir, sans me mettre en courroux[4]
De le voir querellé par un fou comme vous.

DAMIS

45 Quoi ! je souffrirai, moi, qu'un cagot[5] de critique

Vocabulaire
1. *État* : coquetterie, façon luxueuse de vous vêtir.
2. *Ajustement* : toilette, parure.
3. *Vous prêchez des maximes de vivre* : vous nous parlez sans cesse des conduites à tenir.
4. *Courroux* : colère.
5. *Cagot* : faux dévot.

Le Tartuffe

Vienne usurper[1] céans[2] un pouvoir tyrannique,
Et que nous ne puissions à rien nous divertir,
Si ce beau Monsieur-là n'y daigne consentir ?

DORINE

S'il le faut écouter et croire à ses maximes,
50 On ne peut faire rien qu'on ne fasse des crimes ;
Car il contrôle tout, ce critique zélé[3].

MADAME PERNELLE

Et tout ce qu'il contrôle est fort bien contrôlé.
C'est au chemin du Ciel qu'il prétend vous conduire,
Et mon fils à l'aimer vous devrait tous induire[4].

DAMIS

55 Non, voyez-vous, ma mère, il n'est père ni rien
Qui me puisse obliger à lui vouloir du bien :
Je trahirais mon cœur[5] de parler d'autre sorte ;
Sur ses façons de faire à tous coups je m'emporte ;
J'en prévois une suite, et qu'avec ce pied plat[6]
60 Il faudra que j'en vienne à quelque grand éclat.

DORINE

Certes, c'est une chose aussi qui scandalise,
De voir qu'un inconnu céans s'impatronise[7],
Qu'un gueux[8] qui, quand il vint, n'avait pas de souliers
Et dont l'habit entier valait bien six deniers[9],

Vocabulaire

1. *Usurper* : s'attribuer.
2. *Céans* : ici-même, chez nous.
3. *Zélé* : acharné (à nous critiquer).
4. *Induire* : inciter.
5. *Cœur* : pensées intimes, convictions.
6. *Pied plat* : paysan, rustre (qui ne porte pas de talons comme les nobles et les personnes de qualité).

7. *S'impatronise* : s'installe comme chez lui.
8. *Gueux* : misérable.
9. *Six deniers* : somme d'argent très faible.

Acte I, scène 1

65 En vienne jusque-là que de se méconnaître[1],
De contrarier tout, et de faire le maître.

MADAME PERNELLE

Hé ! merci de ma vie[2] ! il en irait bien mieux,
Si tout se gouvernait par ses ordres pieux.

DORINE

Il passe pour un saint dans votre fantaisie :
70 Tout son fait[3], croyez-moi, n'est rien qu'hypocrisie.

MADAME PERNELLE

Voyez la langue !

DORINE

À lui, non plus qu'à son Laurent,
Je ne me fierais, moi, que sur un bon garant[4].

MADAME PERNELLE

J'ignore ce qu'au fond le serviteur peut être ;
Mais pour homme de bien je garantis le maître.
75 Vous ne lui voulez mal et ne le rebutez
Qu'à cause qu'il vous dit à tous vos vérités.
C'est contre le péché que son cœur se courrouce[5],
Et l'intérêt du Ciel est tout ce qui le pousse.

DORINE

Oui ; mais pourquoi, surtout depuis un certain temps,
80 Ne saurait-il souffrir qu'aucun hante céans ?[6]
En quoi blesse le Ciel une visite honnête,

Vocabulaire

1. *Se méconnaître* : se montrer ingrat.
2. *Merci de ma vie !* : exclamation familière marquant l'indignation, l'impatience.
3. *Tout son fait* : tout ce qu'il fait.

4. *Que sur un bon garant* : que si quelqu'un de sûr garantit sa sincérité.
5. *Se courrouce* : se fâche.
6. *Ne saurait-il souffrir qu'aucun hante céans ?* : ne peut-il supporter qu'on vienne nous rendre visite ?

Le Tartuffe

Pour en faire un vacarme à nous rompre la tête ?
Veut-on que là-dessus je m'explique entre nous ?
Je crois que de Madame il est, ma foi, jaloux.

Madame Pernelle

85 Taisez-vous, et songez aux choses que vous dites.
Ce n'est pas lui tout seul qui blâme ces visites.
Tout ce tracas[1] qui suit les gens que vous hantez,
Ces carrosses sans cesse à la porte plantés,
Et de tant de laquais le bruyant assemblage[2]
90 Font un éclat fâcheux dans tout le voisinage.
Je veux croire qu'au fond il ne se passe rien ;
Mais enfin on en parle, et cela n'est pas bien.

Cléante

Hé ! voulez-vous, Madame, empêcher qu'on ne cause ?
Ce serait dans la vie une fâcheuse chose,
95 Si pour les sots discours où l'on peut être mis,
Il fallait renoncer à ses meilleurs amis.
Et quand même on pourrait se résoudre à le faire,
Croiriez-vous obliger tout le monde à se taire ?
Contre la médisance il n'est point de rempart.
100 À tous les sots caquets[3] n'ayons donc nul égard ;
Efforçons-nous de vivre avec toute innocence ;
Et laissons aux causeurs une pleine licence[4].

Dorine

Daphné, notre voisine, et son petit époux
Ne seraient-ils point ceux qui parlent mal de nous ?
105 Ceux de qui la conduite offre le plus à rire

Vocabulaire
1. *Tracas* : agitation, bruit.
2. *Assemblage* : regroupement.
3. *Caquets* : racontars, cancans.
4. *Pleine licence* : liberté absolue.

Acte I, scène 1

Sont toujours sur autrui les premiers à médire ;
Ils ne manquent jamais de saisir promptement
L'apparente lueur du moindre attachement[1],
D'en semer la nouvelle avec beaucoup de joie,
110 Et d'y donner le tour qu'ils veulent qu'on y croie :
Des actions d'autrui, teintes de leurs couleurs,
Ils pensent dans le monde autoriser les leurs,
Et sous le faux espoir de quelque ressemblance,
Aux intrigues qu'ils ont donner de l'innocence,
115 Ou faire ailleurs tomber quelques traits partagés
De ce blâme public dont ils sont trop chargés.

MADAME PERNELLE

Tous ces raisonnements ne font rien à l'affaire.
On sait qu'Orante mène une vie exemplaire :
Tous ses soins vont au Ciel ; et j'ai su, par des gens
120 Qu'elle condamne fort le train qui vient céans.

DORINE

L'exemple est admirable, et cette dame est bonne !
Il est vrai qu'elle vit en austère personne ;
Mais l'âge dans son âme a mis ce zèle ardent[2],
Et l'on sait qu'elle est prude[3] à son corps défendant.
125 Tant qu'elle a pu des cœurs attirer les hommages,
Elle a fort bien joui de tous ses avantages ;
Mais, voyant de ses yeux tous les brillants baisser[4],
Au monde, qui la quitte, elle veut renoncer,
Et du voile pompeux[5] d'une haute sagesse

Vocabulaire
1. *Attachement* : relation amoureuse.
2. *Zèle ardent* : très grande ferveur religieuse.
3. *Prude* : vertueuse.

4. *De ses yeux tous les brillants baisser* : que ses yeux n'attirent plus grand monde (elle perd progressivement ses attraits).
5. *Pompeux* : majestueux.

Le Tartuffe

130 De ses attraits usés déguiser la faiblesse.

Ce sont là les retours des coquettes du temps.

Il leur est dur de voir déserter les galants.

Dans un tel abandon, leur sombre inquiétude

Ne voit d'autre recours que le métier de prude ;

135 Et la sévérité de ces femmes de bien

Censure toute chose, et ne pardonne à rien ;

Hautement[1] d'un chacun[2] elles blâment la vie,

Non point par charité, mais par un trait d'envie,

Qui ne saurait souffrir qu'une autre ait les plaisirs

140 Dont le penchant de l'âge a sevré leurs désirs.

MADAME PERNELLE

Voilà les contes bleus[3] qu'il vous faut pour vous plaire.

Ma bru, l'on est chez vous contrainte de se taire,

Car Madame à jaser tient le dé[4] tout le jour.

Mais enfin je prétends discourir à mon tour :

145 Je vous dis que mon fils n'a rien fait de plus sage

Qu'en recueillant chez soi ce dévot personnage ;

Que le Ciel au besoin[5] l'a céans envoyé

Pour redresser à tous votre esprit fourvoyé[6] ;

Que pour votre salut vous le devez entendre,

150 Et qu'il ne reprend[7] rien qui ne soit à reprendre.

Ces visites, ces bals, ces conversations

Sont du malin esprit[8] toutes inventions.

Là jamais on n'entend de pieuses paroles :

Ce sont propos oisifs, chansons, et fariboles[9] ;

Vocabulaire

1. *Hautement* : fermement.

2. *D'un chacun* : de tout un chacun.

3. *Contes bleus* : contes populaires destinés aux enfants (désignés ainsi parce que leur couverture était de couleur bleue).

4. *Tient le dé* : s'impose (comme le joueur qui a le dé en main).

5. *Au besoin* : parce qu'il fallait le faire.

6. *Esprit fourvoyé* : âme égarée.

7. *Reprend* : critique (afin de corriger).

8. *Malin esprit* : diable.

9. *Fariboles* : propos vains et frivoles.

Acte I, scène 1

155 Bien souvent le prochain en a sa bonne part[1],
   Et l'on y sait médire et du tiers et du quart.
   Enfin les gens sensés ont leurs têtes troublées
   De la confusion de telles assemblées :
   Mille caquets divers s'y font en moins de rien ;
160 Et comme l'autre jour un docteur[2] dit fort bien,
   C'est véritablement la tour de Babylone[3],
   Car chacun y babille, et tout du long de l'aune[4].
   Et pour conter l'histoire où ce point[5] l'engagea…

(Montrant Cléante.)

Voilà-t-il pas Monsieur qui ricane déjà !
165 Allez chercher vos fous qui vous donnent à rire,
   Et sans… Adieu, ma bru : je ne veux plus rien dire.
   Sachez que pour céans j'en rabats de moitié[6],
   Et qu'il fera beau temps quand j'y mettrai le pied.

(Donnant un soufflet à Flipote.)

Allons, vous ! vous rêvez, et bayez aux corneilles[7].
170 Jour de Dieu ! je saurai vous frotter les oreilles.
   Marchons, gaupe[8], marchons.

Vocabulaire

1. *Le prochain en a sa bonne part* : chacun y trouve son compte (de moqueries et de médisances).
2. *Docteur* : grand savant (ici, en théologie).
3. *Tour de Babylone* : tour de Babel (en association avec le mot « babille »).
4. *Tout du long de l'aune* : sans retenue et sans s'arrêter.

5. *Point* : partie de son discours.
6. *Pour céans j'en rabats de moitié* : j'ai perdu beaucoup d'estime pour votre maison.
7. *Bayez aux corneilles* : rêvassez bêtement.
8. *Gaupe* : souillon, malpropre.

Le Tartuffe

Scène 2

CLÉANTE, DORINE

CLÉANTE

Je n'y veux point aller,
De peur qu'elle ne vînt encor me quereller,
Que cette bonne femme...

DORINE

Ah ! certes, c'est dommage
Qu'elle ne vous ouït[1] tenir un tel langage :
175 Elle vous dirait bien qu'elle vous trouve bon,
Et qu'elle n'est point d'âge à lui donner ce nom.

CLÉANTE

Comme elle s'est pour rien contre nous échauffée !
Et que de son Tartuffe elle paraît coiffée[2] !

DORINE

Oh ! vraiment, tout cela n'est rien au prix du fils,
180 Et si vous l'aviez vu, vous diriez : « C'est bien pis ! »
Nos troubles[3] l'avaient mis sur le pied[4] d'homme sage,
Et pour servir son prince il montra du courage ;
Mais il est devenu comme un homme hébété[5],
Depuis que de Tartuffe on le voit entêté ;
185 Il l'appelle son frère, et l'aime dans son âme
Cent fois plus qu'il ne fait mère, fils, fille et femme.
C'est de tous ses secrets l'unique confident,
Et de ses actions le directeur prudent[6] ;

Vocabulaire et nom propre

1. *Ouït* : entende.
2. *Coiffée* : entichée, toquée.
3. *Troubles* : ceux de la Fronde (1648-1653).
4. *Sur le pied* : du côté (c'est-à-dire qu'il s'était comporté).

5. *Hébété* : rendu stupide.
6. *Directeur prudent* : maître spirituel, directeur de conscience avisé (de qui Orgon suit tous les conseils).

Acte I, scène 2

Il le choie, il l'embrasse, et pour une maîtresse
190 On ne saurait, je pense, avoir plus de tendresse ;
À table, au plus haut bout il veut qu'il soit assis ;
Avec joie il l'y voit manger autant que six ;
Les bons morceaux de tout, il fait qu'on les lui cède ;
Et s'il vient à roter, il lui dit : « Dieu vous aide ! »

(C'est une servante qui parle.)

195 Enfin il en est fou ; c'est son tout, son héros ;
Il l'admire à tous coups, le cite à tout propos ;
Ses moindres actions lui semblent des miracles,
Et tous les mots qu'il dit sont pour lui des oracles[1],
Lui, qui connaît sa dupe[2] et qui veut en jouir,
200 Par cent dehors fardés[3] a l'art de l'éblouir ;
Son cagotisme[4] en tire à toute heure des sommes,
Et prend droit de gloser[5] sur tous tant que nous sommes.
Il n'est pas jusqu'au fat[6] qui lui sert de garçon[7]
Qui ne se mêle aussi de nous faire leçon ;
205 Il vient nous sermonner avec des yeux farouches,
Et jeter nos rubans, notre rouge[8] et nos mouches[9].
Le traître, l'autre jour, nous rompit de ses mains
Un mouchoir[10] qu'il trouva dans une *Fleur des Saints*[11],
Disant que nous mêlions, par un crime effroyable,
210 Avec la sainteté les parures du diable.

Vocabulaire

1. *Oracles* : prophéties divines.
2. *Dupe* : naïveté, crédulité d'Orgon.
3. *Dehors fardés* : signes extérieurs qui l'abusent, fausses attitudes.
4. *Cagotisme* : fausse dévotion.
5. *Gloser* : faire des raisonnements, des commentaires.
6. *Fat* : sans esprit et pourtant prétentieux.
7. *Garçon* : valet.
8. *Rouge* : fard rouge pour les joues.
9. *Mouches* : petites rondelles de tissu noir (que les coquettes collaient sur leur visage pour faire ressortir la pâleur de leur teint).
10. *Mouchoir* : « mouchoir de col », tissu ouvragé orné de dentelles, dont les femmes se servaient pour parer et cacher leur gorge.
11. *Fleur des Saints* : titre d'un livre de Pedro de Ribadeneira (1526-1611), jésuite espagnol, qui raconte la vie des saints de chaque jour de l'année. Comme ce livre était très épais, il pouvait faire office de presse afin de bien repasser le mouchoir de col.

Le Tartuffe

Scène 3

ELMIRE, MARIANE, DAMIS, CLÉANTE, DORINE

ELMIRE

Vous êtes bien heureux de n'être point venu
Au discours qu'à la porte elle nous a tenu.
Mais j'ai vu mon mari : comme il ne m'a point vue,
Je veux aller là-haut attendre sa venue.

CLÉANTE

215 Moi, je l'attends ici pour moins d'amusement,
Et je vais lui donner le bonjour seulement.

DAMIS

De l'hymen[1] de ma sœur touchez-lui quelque chose.
J'ai soupçon que Tartuffe à son effet[2] s'oppose,
Qu'il oblige mon père à des détours si grands ;
220 Et vous n'ignorez pas quel intérêt j'y prends.
Si même ardeur enflamme et ma sœur et Valère,
La sœur de cet ami, vous le savez, m'est chère ;
Et s'il fallait...

DORINE

Il entre.

Scène 4 .

ORGON, CLÉANTE, DORINE

ORGON

Ah ! mon frère, bonjour.

Vocabulaire
1. *Hymen* : mariage.   2. *Effet* : ce qu'il se fasse.

Acte I, scène 4

CLÉANTE

Je sortais, et j'ai joie à vous voir de retour.
225 La campagne à présent n'est pas beaucoup fleurie.

ORGON

Dorine… Mon beau-frère, attendez, je vous prie :
Vous voulez bien souffrir, pour m'ôter de souci,
Que je m'informe un peu des nouvelles d'ici.
Tout s'est-il, ces deux jours, passé de bonne sorte ?
230 Qu'est-ce qu'on fait céans ? comme est-ce qu'on s'y porte ?

DORINE

Madame eut avant-hier la fièvre jusqu'au soir,
Avec un mal de tête étrange à concevoir.

ORGON

Et Tartuffe ?

DORINE

Tartuffe ? Il se porte à merveille,
Gros et gras, le teint frais, et la bouche vermeille[1].

ORGON

Le pauvre homme !

DORINE

235 Le soir, elle eut un grand dégoût,
Et ne put au souper toucher à rien du tout,
Tant sa douleur de tête était encor cruelle !

ORGON

Et Tartuffe ?

DORINE

Il soupa, lui tout seul, devant elle,

Vocabulaire
1. *Vermeille* : colorée de rouge, révélant ainsi sa bonne santé.

Le Tartuffe

Et fort dévotement il mangea deux perdrix,
240 Avec une moitié de gigot en hachis.

ORGON

Le pauvre homme !

DORINE

La nuit se passa tout entière
Sans qu'elle pût fermer un moment la paupière ;
Des chaleurs l'empêchaient de pouvoir sommeiller,
Et jusqu'au jour près d'elle il nous fallut veiller.

ORGON

245 Et Tartuffe ?

DORINE

Pressé d'un sommeil agréable,
Il passa dans sa chambre au sortir de la table,
Et dans son lit bien chaud il se mit tout soudain,
Où sans trouble il dormit jusques au lendemain.

ORGON

Le pauvre homme !

DORINE

À la fin, par nos raisons gagnée[1],
250 Elle se résolut à souffrir[2] la saignée[3],
Et le soulagement suivit tout aussitôt.

ORGON

Et Tartuffe ?

DORINE

Il reprit courage comme il faut,

Vocabulaire

1. *Par nos raisons gagnée* : admettant nos arguments.
2. *Souffrir :* admettre, accepter.

3. *Saignée* : remède prescrit régulièrement par les médecins au XVIIe siècle.

Acte I, scène 5

Et contre tous les maux fortifiant son âme,
Pour réparer le sang qu'avait perdu Madame,
255 But à son déjeuner quatre grands coups de vin.

ORGON

Le pauvre homme !

DORINE

Tous deux se portent bien enfin ;
Et je vais à Madame annoncer par avance
La part que vous prenez à sa convalescence.

Scène 5

ORGON, CLÉANTE

CLÉANTE

À votre nez, mon frère, elle se rit de vous ;
260 Et sans avoir dessein de vous mettre en courroux,
Je vous dirai tout franc que c'est avec justice.
A-t-on jamais parlé d'un semblable caprice ?
Et se peut-il qu'un homme ait un charme aujourd'hui
À vous faire oublier toutes choses pour lui,
265 Qu'après avoir chez vous réparé sa misère,
Vous en veniez au point… ?

ORGON

Halte-là, mon beau-frère :
Vous ne connaissez pas celui dont vous parlez.

CLÉANTE

Je ne le connais pas, puisque vous le voulez ;
Mais enfin, pour savoir quel homme ce peut être…

ORGON

270 Mon frère, vous seriez charmé de le connaître,

Le Tartuffe

Et vos ravissements ne prendraient point de fin.
C'est un homme… qui… ah !… un homme… un homme enfin.
Qui suit bien ses leçons, goûte une paix profonde,
Et comme du fumier regarde tout le monde.
275 Oui, je deviens tout autre avec son entretien ;
Il m'enseigne à n'avoir affection pour rien,
De toutes amitiés il détache mon âme ;
Et je verrais mourir frère, enfants, mère et femme,
Que je m'en soucierais autant que de cela.

CLÉANTE

280 Les sentiments humains, mon frère, que voilà !

ORGON

Ah ! si vous aviez vu comme j'en fis rencontre,
Vous auriez pris pour lui l'amitié que je montre.
Chaque jour à l'église il venait, d'un air doux,
Tout vis-à-vis de moi se mettre à deux genoux.
285 Il attirait les yeux de l'assemblée entière
Par l'ardeur dont au Ciel il poussait sa prière ;
Il faisait des soupirs, de grands élancements,
Et baisait humblement la terre à tous moments ;
Et lorsque je sortais, il me devançait vite,
290 Pour m'aller à la porte offrir de l'eau bénite.
Instruit par son garçon, qui dans tout l'imitait,
Et de son indigence[1], et de ce qu'il était,
Je lui faisais des dons ; mais, avec modestie
Il me voulait toujours en rendre une partie.
295 « C'est trop, me disait-il, c'est trop de la moitié ;
Je ne mérite pas de vous faire pitié » ;
Et quand je refusais de le vouloir reprendre,

Vocabulaire
1. *Indigence* : pauvreté.

Acte I, scène 5

Aux pauvres, à mes yeux, il allait le répandre.
Enfin le Ciel chez moi me le fit retirer[1],
300 Et depuis ce temps-là tout semble y prospérer.
Je vois qu'il reprend tout, et qu'à ma femme même
Il prend, pour mon honneur, un intérêt extrême ;
Il m'avertit des gens qui lui font les yeux doux,
Et plus que moi six fois il s'en montre jaloux.
305 Mais vous ne croiriez point jusqu'où monte son zèle :
Il s'impute[2] à péché la moindre bagatelle ;
Un rien presque suffit pour le scandaliser ;
Jusque-là qu'il se vint l'autre jour accuser
D'avoir pris une puce en faisant sa prière,
310 Et de l'avoir tuée avec trop de colère.

CLÉANTE

Parbleu ! vous êtes fou, mon frère, que je crois.
Avec de tels discours, vous moquez-vous de moi ?
Et que prétendez-vous que tout ce badinage[3] ?...

ORGON

Mon frère, ce discours sent le libertinage[4] :
315 Vous en êtes un peu dans votre âme entiché ;
Et comme je vous l'ai plus de dix fois prêché,
Vous vous attirerez quelque méchante affaire.

CLÉANTE

Voilà de vos pareils le discours ordinaire :
Ils veulent que chacun soit aveugle comme eux.
320 C'est être libertin que d'avoir de bons yeux,
Et qui n'adore pas de vaines simagrées[5]

Vocabulaire
1. *Retirer* : venir, afin que je lui donne l'hospitalité.
2. *S'impute à* : s'accuse de.
3. *Badinage* : sottise.
4. *Libertinage* : impiété.
5. *Vaines simagrées* : grimaces hypocrites.

Le Tartuffe

N'a ni respect ni foi pour les choses sacrées.
Allez, tous vos discours ne me font point de peur :
Je sais comme je parle, et le Ciel voit mon cœur.
325 De tous vos façonniers[1] on n'est point les esclaves.
Il est de faux dévots ainsi que de faux braves ;
Et, comme on ne voit pas qu'où l'honneur les conduit
Les vrais braves soient ceux qui font beaucoup de bruit,
Les bons et vrais dévots, qu'on doit suivre à la trace,
330 Ne sont pas ceux aussi qui font tant de grimace.
Hé quoi ? vous ne ferez nulle distinction
Entre l'hypocrisie et la dévotion ?
Vous les voulez traiter d'un semblable langage,
Et rendre même honneur au masque qu'au visage,
335 Égaler l'artifice à la sincérité,
Confondre l'apparence avec la vérité,
Estimer le fantôme autant que la personne,
Et la fausse monnaie à l'égal de la bonne ?
Les hommes la plupart sont étrangement faits !
340 Dans la juste nature on ne les voit jamais ;
La raison a pour eux des bornes trop petites ;
En chaque caractère ils passent ses limites ;
Et la plus noble chose, ils la gâtent souvent
Pour la vouloir outrer[2] et pousser trop avant.
345 Que cela vous soit dit en passant, mon beau-frère.

Orgon

Oui, vous êtes sans doute un docteur qu'on révère ;
Tout le savoir du monde est chez vous retiré ;
Vous êtes le seul sage et le seul éclairé,

Vocabulaire
1. *Façonniers* : ceux qui ont des ma-nières hypocrites.

2. *Outrer* : exagérer, surcharger.

Acte I, scène 5

Un oracle, un Caton[1], dans le siècle où nous sommes ;
350 Et près de vous ce sont des sots que tous les hommes.

CLÉANTE

Je ne suis point, mon frère, un docteur révéré,
Et le savoir chez moi n'est pas tout retiré.
Mais, en un mot, je sais, pour toute ma science,
Du faux avec le vrai faire la différence.
355 Et comme je ne vois nul genre de héros
Qui soient plus à priser[2] que les parfaits dévots,
Aucune chose au monde et plus noble et plus belle
Que la sainte ferveur d'un véritable zèle,
Aussi ne vois-je rien qui soit plus odieux
360 Que le dehors plâtré[3] d'un zèle spécieux[4],
Que ces francs charlatans, que ces dévots de place,
De qui la sacrilège et trompeuse grimace
Abuse impunément et se joue à leur gré
De ce qu'ont les mortels de plus saint et sacré,
365 Ces gens qui, par une âme à l'intérêt soumise,
Font de dévotion métier et marchandise,
Et veulent acheter crédit[5] et dignités[6]
À prix de faux clins d'yeux et d'élans affectés[7],
Ces gens, dis-je, qu'on voit d'une ardeur non commune
370 Par le chemin du Ciel courir à leur fortune,
Qui, brûlants et priants, demandent chaque jour,
Et prêchent la retraite au milieu de la cour,

Vocabulaire et nom propre

1. *Caton* : (l'Ancien), politicien, écrivain et militaire romain (234-149 av. J.-C.). Serait l'auteur de *Distiques moraux*, proverbes en vers très utilisés dans l'enseignement médiéval.
2. *Priser* : aimer, apprécier.
3. *Dehors plâtré* : apparence trompeuse.

4. *Spécieux* : distingué, de belle apparence.
5. *Crédit :* bonne réputation.
6. *Dignités* : droits à la considération.
7. *Élans affectés* : façons de faire étudiées, hypocrites.

Le Tartuffe

Qui savent ajuster leur zèle avec leurs vices,
Sont prompts, vindicatifs, sans foi, pleins d'artifices,
375 Et pour perdre quelqu'un couvrent[1] insolemment
De l'intérêt du Ciel leur fier ressentiment,
D'autant plus dangereux dans leur âpre colère,
Qu'ils prennent contre nous des armes qu'on révère,
Et que leur passion, dont on leur sait bon gré,
380 Veut nous assassiner avec un fer sacré.
De ce faux caractère on en voit trop paraître ;
Mais les dévots de cœur sont aisés à connaître.
Notre siècle, mon frère, en expose à nos yeux
Qui peuvent nous servir d'exemples glorieux :
385 Regardez Ariston, regardez Périandre,
Oronte, Alcidamas, Polydore, Clitandre[2] ;
Ce titre par aucun ne leur est débattu[3] ;
Ce ne sont point du tout fanfarons de vertu ;
On ne voit point en eux ce faste insupportable,
390 Et leur dévotion est humaine, est traitable :
Ils ne censurent point toutes nos actions :
Ils trouvent trop d'orgueil dans ces corrections ;
Et laissant la fierté des paroles aux autres,
C'est par leurs actions qu'ils reprennent les nôtres.
395 L'apparence du mal a chez eux peu d'appui,
Et leur âme est portée à juger bien d'autrui.
Point de cabale[4] en eux, point d'intrigues à suivre ;
On les voit, pour tous soins[5], se mêler de bien vivre ;
Jamais contre un pécheur ils n'ont d'acharnement ;

Vocabulaire et noms propres
1. *Couvrent* : prétextent qu'il s'agit de.
2. *Ariston, Périandre, Oronte, Alcidamas, Polydore, Clitandre* : personnages imaginaires.
3. *Débattu* : contesté.
4. *Cabale* : esprit d'intrigues.
5. *Pour tous soins* : ayant comme seules préoccupations.

Acte I, scène 5

400 Ils attachent leur haine au péché seulement,
Et ne veulent point prendre, avec un zèle extrême,
Les intérêts du Ciel plus qu'il ne veut lui-même.
Voilà mes gens[1], voilà comme il en faut user,
Voilà l'exemple enfin qu'il se faut proposer.
405 Votre homme, à dire vrai, n'est pas de ce modèle :
C'est de fort bonne foi que vous vantez son zèle ;
Mais par un faux éclat je vous crois ébloui.

ORGON

Monsieur mon cher beau-frère, avez-vous tout dit ?

CLÉANTE

                                        Oui.

ORGON

Je suis votre valet.

                                        (Il veut s'en aller.)

CLÉANTE

            De grâce, un mot, mon frère.
410 Laissons là ce discours. Vous savez que Valère
Pour être votre gendre a parole de vous ?

ORGON

Oui.

CLÉANTE

Vous aviez pris jour pour[2] un lien si doux.

ORGON

Il est vrai.

Vocabulaire
1. *Mes gens* : les personnes que je considère sincèrement dévotes.

2. *Pris jour pour* : fixé la date du mariage.

Le Tartuffe

CLÉANTE

Pourquoi donc en différer la fête ?

ORGON

Je ne sais.

CLÉANTE

Auriez-vous autre pensée en tête ?

ORGON

415 Peut-être.

CLÉANTE

Vous voulez manquer à votre foi[1] ?

ORGON

Je ne dis pas cela.

CLÉANTE

Nul obstacle, je crois,
Ne vous peut empêcher d'accomplir vos promesses.

ORGON

Selon.

CLÉANTE

Pour dire un mot, faut-il tant de finesses ?
Valère sur ce point me fait vous visiter.

ORGON

420 Le Ciel en soit loué !

CLÉANTE

Mais que lui reporter ?

ORGON

Tout ce qu'il vous plaira.

Vocabulaire
1. *Foi* : parole.

Acte I, scène 5

CLÉANTE
Mais il est nécessaire
De savoir vos desseins. Quels sont-ils donc ?

ORGON
De faire
Ce que le Ciel voudra.

CLÉANTE
Mais parlons tout de bon.
Valère a votre foi : la tiendrez-vous, ou non ?

425 **ORGON**
Adieu.

CLÉANTE, *seul.*
Pour son amour je crains une disgrâce,
Et je dois l'avertir de tout ce qui se passe.

Le Tartuffe

Acte II

Scène 1

ORGON, MARIANE

ORGON

Mariane.

MARIANE

Mon père.

ORGON

Approchez. J'ai de quoi
Vous parler en secret.

MARIANE

Que cherchez-vous ?

ORGON. *Il regarde dans un petit cabinet***1**.

Je vois
Si quelqu'un n'est point là qui pourrait nous entendre ;
Car ce petit endroit est propre pour surprendre.
5 Or sus, nous voilà bien. J'ai, Mariane, en vous
Reconnu de tout temps un esprit assez doux,
Et de tout temps aussi vous m'avez été chère.

MARIANE

Je suis fort redevable à cet amour de père.

ORGON

C'est fort bien dit, ma fille ; et pour le mériter,
10 Vous devez n'avoir soin que de me contenter.

Vocabulaire
1. *Cabinet* : petite pièce isolée.

Acte II, scène 1

MARIANE

C'est où je mets aussi ma gloire la plus haute.

ORGON

Fort bien. Que dites-vous de Tartuffe notre hôte ?

MARIANE

Qui, moi ?

ORGON

Vous. Voyez bien comme vous répondrez.

MARIANE

Hélas ! j'en dirai, moi, tout ce que vous voudrez.

ORGON

15 C'est parler sagement. Dites-moi donc, ma fille,
Qu'en toute sa personne un haut mérite brille,
Qu'il touche votre cœur, et qu'il vous serait doux
De le voir par mon choix devenir votre époux.
Eh ?

(Mariane se recule avec surprise.)

MARIANE

Eh ?

ORGON

Qu'est-ce ?

Plaît-il ?

ORGON

Quoi ?

MARIANE

Me suis-je méprise ?

ORGON

20 Comment ?

Le Tartuffe

MARIANE

Qui voulez-vous, mon père, que je dise
Qui me touche le cœur, et qu'il me serait doux
De voir par votre choix devenir mon époux ?

ORGON

Tartuffe.

MARIANE

Il n'en est rien, mon père, je vous jure.
Pourquoi me faire dire une telle imposture ?

ORGON

25 Mais je veux que cela soit une vérité ;
Et c'est assez pour vous que je l'aie arrêté.

MARIANE

Quoi ? vous voulez, mon père… ?

ORGON

Oui, je prétends, ma fille,
Unir par votre hymen Tartuffe à ma famille.
Il sera votre époux, j'ai résolu cela ;
30 Et comme sur vos vœux je…

Scène 2

DORINE, ORGON, MARIANE

ORGON

Que faites-vous là ?
La curiosité qui vous pousse est bien forte,
Mamie[1], à nous venir écouter de la sorte.

Vocabulaire
1. *Mamie* : mon amie (terme familier et plutôt affectueux).

Acte II, scène 2

DORINE

Vraiment, je ne sais pas si c'est un bruit qui part
35 De quelque conjecture[1], ou d'un coup de hasard,
Mais de ce mariage on m'a dit la nouvelle,
Et j'ai traité cela de pure bagatelle.

ORGON

Quoi donc ? la chose est-elle incroyable ?

DORINE

À tel point,
Que vous-même, Monsieur, je ne vous en crois point.

ORGON

Je sais bien le moyen de vous le faire croire.

DORINE

40 Oui, oui, vous nous contez une plaisante histoire.

ORGON

Je conte justement ce qu'on verra dans peu.

DORINE

Chansons !

ORGON

Ce que je dis, ma fille, n'est point jeu.

DORINE

Allez, ne croyez point à Monsieur votre père :
Il raille.

ORGON

Je vous dis…

Vocabulaire
1. *Conjecture* : supposition.

Le Tartuffe

DORINE

Non, vous avez beau faire,
45 On ne vous croira point.

ORGON

À la fin, mon courroux...

DORINE

Hé bien ! on vous croit donc, et c'est tant pis pour vous.
Quoi ? se peut-il, Monsieur, qu'avec l'air d'homme sage
Et cette large barbe au milieu du visage,
Vous soyez assez fou pour vouloir...

ORGON

Écoutez :
50 Vous avez pris céans certaines privautés
Qui ne me plaisent point ; je vous le dis, mamie.

DORINE

Parlons sans nous fâcher, Monsieur, je vous supplie.
Vous moquez-vous des gens d'avoir fait ce complot ?
Votre fille n'est point l'affaire d'un bigot[1] :
55 Il a d'autres emplois auxquels il faut qu'il pense.
Et puis, que vous apporte une telle alliance ?
À quel sujet aller, avec tout votre bien,
Choisir un gendre gueux ?...

ORGON

Taisez-vous. S'il n'a rien,
Sachez que c'est par là qu'il faut qu'on le révère.
60 Sa misère est sans doute une honnête misère ;
Au-dessus des grandeurs elle doit l'élever,
Puisque enfin de son bien il s'est laissé priver

Vocabulaire
1. *Bigot* : homme qui ne fait que prier, qui ne pense qu'à la religion.

Acte II, scène 2

Par son trop peu de soin des choses temporelles,
Et sa puissante attache aux choses éternelles.
65   Mais mon secours pourra lui donner les moyens
De sortir d'embarras et rentrer dans ses biens :
Ce sont fiefs[1] qu'à bon titre au pays on renomme ;
Et tel que l'on le voit, il est bien gentilhomme.

DORINE

Oui, c'est lui qui le dit : et cette vanité,
70   Monsieur, ne sied pas bien avec la piété.
Qui d'une sainte vie embrasse l'innocence
Ne doit point tant prôner son nom et sa naissance,
Et l'humble procédé de la dévotion
Souffre mal les éclats de cette ambition.
75   À quoi bon cet orgueil ?... Mais ce discours vous blesse :
Parlons de sa personne, et laissons sa noblesse.
Ferez-vous possesseur, sans quelque peu d'ennui,
D'une fille comme elle un homme comme lui ?
Et ne devez-vous pas songer aux bienséances[2],
80   Et de cette union prévoir les conséquences ?
Sachez que d'une fille on risque la vertu,
Lorsque dans son hymen son goût est combattu,
Que le dessein d'y vivre en honnête personne
Dépend des qualités du mari qu'on lui donne,
85   Et que ceux dont partout on montre au doigt le front
Font leurs femmes souvent ce qu'on voit qu'elles sont.
Il est bien difficile enfin d'être fidèle
À de certains maris faits d'un certain modèle ;
Et qui donne à sa fille un homme qu'elle hait

Vocabulaire
1. *Fiefs* : domaines seigneuriaux appartenant à un noble.

2. *Bienséances* : usages établis dans la bonne société.

Le Tartuffe

90 Est responsable au Ciel des fautes qu'elle fait.
Songez à quels périls votre dessein vous livre.

ORGON

Je vous dis qu'il me faut apprendre d'elle à vivre.

DORINE

Vous n'en feriez que mieux de suivre mes leçons.

ORGON

Ne nous amusons point, ma fille, à ces chansons :
95 Je sais ce qu'il vous faut, et je suis votre père.
J'avais donné pour vous ma parole à Valère ;
Mais outre qu'à jouer on dit qu'il est enclin,
Je le soupçonne encor d'être un peu libertin :
Je ne remarque point qu'il hante les églises.

DORINE

100 Voulez-vous qu'il y coure à vos heures précises,
Comme ceux qui n'y vont que pour être aperçus ?

ORGON

Je ne demande pas votre avis là-dessus.
Enfin avec le Ciel l'autre est le mieux du monde,
Et c'est une richesse à nulle autre seconde.
105 Cet hymen de tous biens comblera vos désirs,
Il sera tout confit[1] en douceurs et plaisirs.
Ensemble vous vivrez, dans vos ardeurs fidèles,
Comme deux vrais enfants, comme deux tourterelles ;
À nul fâcheux débat jamais vous n'en viendrez,
110 Et vous ferez de lui tout ce que vous voudrez.

DORINE

Elle ? elle n'en fera qu'un sot[2], je vous assure.

Vocabulaire
1. *Confit* : parfaitement enrobé.   **2.** *Sot* : mari trompé, cocu.

Acte II, scène 2

ORGON

Ouais ! quels discours !

DORINE

Je dis qu'il en a l'encolure[1],
Et que son ascendant[2], Monsieur, l'emportera
Sur toute la vertu que votre fille aura.

ORGON

115 Cessez de m'interrompre, et songez à vous taire,
Sans mettre votre nez où vous n'avez que faire.

DORINE

Je n'en parle, Monsieur, que pour votre intérêt.

*(Elle l'interrompt toujours au moment qu'il se retourne
pour parler à sa fille.)*

ORGON

C'est prendre trop de soin : taisez-vous, s'il vous plaît.

DORINE

Si l'on ne vous aimait…

ORGON

Je ne veux pas qu'on m'aime.

DORINE

120 Et je veux vous aimer, Monsieur, malgré vous-même.

ORGON

Ah !

DORINE

Votre honneur m'est cher, et je ne puis souffrir
Qu'aux brocards[3] d'un chacun vous alliez vous offrir.

Vocabulaire
1. *L'encolure* : les dispositions pour le devenir.
2. *Ascendant* : ce à quoi il est destiné.
3. *Brocards* : moqueries.

Le Tartuffe

ORGON

Vous ne vous tairez point ?

DORINE

C'est une conscience
Que de vous laisser faire une telle alliance.

ORGON

125 Te tairas-tu, serpent, dont les traits effrontés… ?

DORINE

Ah ! vous êtes dévot, et vous vous emportez ?

ORGON

Oui, ma bile s'échauffe à toutes ces fadaises[1],
Et tout résolument je veux que tu te taises.

DORINE

Soit. Mais, ne disant mot, je n'en pense pas moins.

ORGON

130 Pense, si tu le veux ; mais applique tes soins
À ne m'en point parler, ou… Suffit.

(Se retournant vers sa fille.)

Comme sage[2]

J'ai pesé mûrement toutes choses.

DORINE

J'enrage

De ne pouvoir parler.

(Elle se tait lorsqu'il tourne la tête.)

ORGON

Sans être damoiseau,

Tartuffe est fait de sorte…

Vocabulaire
1. *Fadaises* : discours stupides.   2. *Comme sage* : raisonnablement.

Acte II, scène 2

DORINE

Oui, c'est un beau museau !

ORGON

135 Que quand tu n'aurais même aucune sympathie
Pour tous les autres dons…

(Il se tourne devant elle, et la regarde les bras croisés.)

DORINE

La voilà bien lotie !
Si j'étais en sa place, un homme assurément
Ne m'épouserait pas de force impunément ;
Et je lui ferais voir bientôt après la fête
140 Qu'une femme a toujours une vengeance prête.

ORGON

Donc, de ce que je dis on ne fera nul cas ?

DORINE

De quoi vous plaignez-vous ? Je ne vous parle pas.

ORGON

Qu'est-ce que tu fais donc ?

DORINE

Je me parle à moi-même.

ORGON

Fort bien. Pour châtier son insolence extrême,
145 Il faut que je lui donne un revers de ma main.

*(Il se met en posture de lui donner un soufflet ; et Dorine,
à chaque coup d'œil qu'il jette, se tient droite sans parler.)*

Ma fille, vous devez approuver mon dessein…
Croire que le mari… que j'ai su vous élire…

(À Dorine.)

Que ne te parles-tu ?

Le Tartuffe

DORINE

Je n'ai rien à me dire.

ORGON

Encore un petit mot.

DORINE

Il ne me plaît pas, moi.

ORGON

150 Certes, je t'y guettais.

DORINE

Quelque sotte, ma foi !

ORGON

Enfin, ma fille, il faut payer d'obéissance,
Et montrer pour mon choix entière déférence.

DORINE, *en s'enfuyant.*

Je me moquerais fort de prendre un tel époux.

(Il veut lui donner un soufflet et la manque.)

ORGON,

Vous avez là, ma fille, une peste avec vous,
155 Avec qui sans péché je ne saurais plus vivre.
Je me sens hors d'état maintenant de poursuivre :
Ses discours insolents m'ont mis l'esprit en feu,
Et je vais prendre l'air pour me rasseoir[1] un peu.

Vocabulaire
1. *Rasseoir* : calmer.

Acte II, scène 3

Scène 3

DORINE, MARIANE

DORINE

Avez-vous donc perdu, dites-moi, la parole,
160 Et faut-il qu'en ceci je fasse votre rôle ?
Souffrir qu'on vous propose un projet insensé,
Sans que du moindre mot vous l'ayez repoussé !

MARIANE

Contre un père absolu[1] que veux-tu que je fasse ?

DORINE

Ce qu'il faut pour parer une telle menace.

MARIANE

165 Quoi ?

DORINE

 Lui dire qu'un cœur n'aime point par autrui,
Que vous vous mariez pour vous, non pas pour lui,
Qu'étant celle pour qui se fait toute l'affaire,
C'est à vous, non à lui, que le mari doit plaire,
Et que si son Tartuffe est pour lui si charmant,
170 Il le peut épouser sans nul empêchement.

MARIANE

Un père, je l'avoue, a sur nous tant d'empire,
Que je n'ai jamais eu la force de rien dire.

DORINE

Mais raisonnons. Valère a fait pour vous des pas :
L'aimez-vous, je vous prie, ou ne l'aimez-vous pas ?

Vocabulaire
1. *Absolu* : qui a toute autorité sur moi.

Le Tartuffe

MARIANE

175 Ah ! qu'envers mon amour ton injustice est grande,
Dorine ! me dois-tu faire cette demande ?
T'ai-je pas là-dessus ouvert cent fois mon cœur,
Et sais-tu pas pour lui jusqu'où va mon ardeur ?

DORINE

Que sais-je si le cœur a parlé par la bouche,
180 Et si c'est tout de bon que cet amant vous touche ?

MARIANE

Tu me fais un grand tort, Dorine, d'en douter,
Et mes vrais sentiments ont su trop éclater.

DORINE

Enfin, vous l'aimez donc ?

MARIANE

Oui, d'une ardeur extrême.

DORINE

Et selon l'apparence il vous aime de même ?

MARIANE

185 Je le crois.

DORINE

Et tous deux brûlez également
De vous voir mariés ensemble ?

MARIANE

Assurément.

DORINE

Sur cette autre union quelle est donc votre attente ?

MARIANE

De me donner la mort si l'on me violente.

Acte II, scène 3

DORINE

Fort bien : c'est un recours où je ne songeais pas ;
190 Vous n'avez qu'à mourir pour sortir d'embarras ;
Le remède, sans doute est merveilleux. J'enrage
Lorsque j'entends tenir ces sortes de langage.

MARIANE

Mon Dieu ! de quelle humeur, Dorine, tu te rends !
Tu ne compatis point aux déplaisirs des gens.

DORINE

195 Je ne compatis point à qui dit des sornettes
Et dans l'occasion mollit comme vous faites.

MARIANE

Mais que veux-tu ? si j'ai de la timidité.

DORINE

Mais l'amour dans un cœur veut de la fermeté.

MARIANE

Mais n'en gardé-je pas pour les feux de Valère ?
200 Et n'est-ce pas à lui de m'obtenir d'un père ?

DORINE

Mais quoi ? si votre père est un bourru fieffé[1],
Qui s'est de son Tartuffe entièrement coiffé
Et manque à l'union[2] qu'il avait arrêtée,
La faute à votre amant doit-elle être imputée ?

MARIANE

205 Mais par un haut refus et d'éclatants mépris

Vocabulaire
1. *Bourru fieffé* : être bizarre, extravagant au plus haut point.

2. *Manque à l'union* : ne respecte pas la promesse de mariage.

Le Tartuffe

Ferai-je dans mon choix voir un cœur trop épris ?
Sortirai-je pour lui, quelque éclat dont il brille,
De la pudeur du sexe et du devoir de fille ?
Et veux-tu que mes feux par le monde étalés... ?

DORINE

210 Non, non, je ne veux rien. Je vois que vous voulez
Être à Monsieur Tartuffe ; et j'aurais, quand j'y pense,
Tort de vous détourner d'une telle alliance.
Quelle raison aurais-je à combattre vos vœux ?
Le parti de soi-même est fort avantageux.
215 Monsieur Tartuffe ! oh ! oh ! n'est-ce rien qu'on propose ?
Certes, Monsieur Tartuffe, à bien prendre la chose,
N'est pas un homme, non, qui se mouche du pied[1] ;
Et ce n'est pas peu d'heur[2] que d'être sa moitié.
Tout le monde déjà de gloire le couronne ;
220 Il est noble chez lui, bien fait de sa personne ;
Il a l'oreille rouge et le teint bien fleuri[3] :
Vous vivrez trop contente avec un tel mari.

MARIANE

Mon Dieu !...

DORINE

Quelle allégresse aurez-vous dans votre âme,
Quand d'un époux si beau vous vous verrez la femme !

MARIANE

225 Ah ! cesse, je te prie, un semblable discours,
Et contre cet hymen ouvre-moi du secours.
C'en est fait, je me rends, et suis prête à tout faire.

Vocabulaire
1. *Qui se mouche du pied* : qui fait des cabrioles, comme les saltimbanques (ce qui n'est pas sérieux).
2. *Heur* : chance.
3. *Fleuri* : coloré.

Acte II, scène 3

DORINE

Non, il faut qu'une fille obéisse à son père,
Voulût-il lui donner un singe pour époux.
230 Votre sort est fort beau : de quoi vous plaignez-vous ?
Vous irez par le coche[1] en sa petite ville,
Qu'en oncles et cousins vous trouverez fertile,
Et vous vous plairez fort à les entretenir.
D'abord chez le beau monde on vous fera venir ;
235 Vous irez visiter, pour votre bienvenue,
Madame la baillive[2] et Madame l'élue[3],
Qui d'un siège pliant vous feront honorer.
Là, dans le carnaval, vous pourrez espérer
Le bal et la grand-bande[4], à savoir, deux musettes[5],
240 Et parfois Fagotin et les marionnettes[6],
Si pourtant votre époux...

MARIANE

Ah ! tu me fais mourir !
De tes conseils plutôt songe à me secourir.

DORINE

Je suis votre servante.

MARIANE

Eh ! Dorine, de grâce...

Vocabulaire et nom propre

1. *Par le coche* : en prenant les transports publics les moins onéreux.
2. *Baillive* : femme du bailli (agent du roi chargé d'une juridiction).
3. *Élue* : femme du juge chargé de prélever certains impôts dans un territoire donné.
4. *Grand-bande* : orchestre de la ville.
5. *Musettes* : anciens instruments à vent (cornemuses).

6. *Fagotin et les marionnettes* : Fagotin était le singe de François Datelin, dit Fanchon Brioché, un célèbre montreur de marionnettes de l'époque. On nommait ainsi le compagnon obligé de n'importe quel montreur de marionnettes.

Le Tartuffe

DORINE

Il faut, pour vous punir, que cette affaire passe.

MARIANE

245 Ma pauvre fille !

DORINE

Non.

MARIANE

Si mes vœux déclarés...

DORINE

Point : Tartuffe est votre homme, et vous en tâterez.

MARIANE

Tu sais qu'à toi toujours je me suis confiée :
Fais-moi...

DORINE

Non, vous serez, ma foi, tartuffiée.

MARIANE

Hé bien ! puisque mon sort ne saurait t'émouvoir,
250 Laisse-moi désormais toute à mon désespoir :
C'est de lui que mon cœur empruntera de l'aide,
Et je sais de mes maux l'infaillible remède.

(Elle veut s'en aller.)

DORINE

Hé ! là, là, revenez. Je quitte mon courroux.
Il faut, nonobstant tout[1], avoir pitié de vous.

MARIANE

255 Vois-tu, si l'on m'expose à ce cruel martyre,
Je te le dis, Dorine, il faudra que j'expire.

Vocabulaire
1. *Nonobstant tout* : malgré tout.

Acte II, scène 4

DORINE

Ne vous tourmentez point. On peut adroitement
Empêcher... Mais voici Valère, votre amant.

Scène 4

VALÈRE, MARIANE, DORINE

VALÈRE

On vient de débiter, Madame, une nouvelle
260 Que je ne savais pas, et qui sans doute est belle.

MARIANE

Quoi ?

VALÈRE

Que vous épousez Tartuffe.

MARIANE

Il est certain
Que mon père s'est mis en tête ce dessein.

VALÈRE

Votre père, Madame...

MARIANE

A changé de visée :
La chose vient par lui de m'être proposée.

VALÈRE

265 Quoi ? sérieusement ?

MARIANE

Oui, sérieusement.
Il s'est pour cet hymen déclaré hautement.

VALÈRE

Et quel est le dessein où votre âme s'arrête,

Le Tartuffe

Madame ?

MARIANE

Je ne sais.

VALÈRE

La réponse est honnête.

Vous ne savez ?

MARIANE

Non.

VALÈRE

Non ?

MARIANE

Que me conseillez-vous ?

VALÈRE

270 Je vous conseille, moi, de prendre cet époux.

MARIANE

Vous me le conseillez ?

VALÈRE

Oui.

MARIANE

Tout de bon ?

VALÈRE

Sans doute.

Le choix est glorieux, et vaut bien qu'on l'écoute.

MARIANE

Hé bien ! c'est un conseil, Monsieur, que je reçois.

VALÈRE

Vous n'aurez pas grand-peine à le suivre, je crois.

Acte II, scène 4

MARIANE

275 Pas plus qu'à le donner en a souffert votre âme.

VALÈRE

Moi, je vous l'ai donné pour vous plaire, Madame.

MARIANE

Et moi, je le suivrai pour vous faire plaisir.

DORINE

Voyons ce qui pourra de ceci réussir.

VALÈRE

C'est donc ainsi qu'on aime ? Et c'était tromperie
280 Quand vous…

MARIANE

Ne parlons point de cela, je vous prie.
Vous m'avez dit tout franc que je dois accepter
Celui que pour époux on me veut présenter :
Et je déclare, moi, que je prétends le faire,
Puisque vous m'en donnez le conseil salutaire.

VALÈRE

285 Ne vous excusez point sur mes intentions.
Vous aviez pris déjà vos résolutions ;
Et vous vous saisissez d'un prétexte frivole
Pour vous autoriser à manquer de parole.

MARIANE

Il est vrai, c'est bien dit.

VALÈRE

Sans doute ; et votre cœur
290 N'a jamais eu pour moi de véritable ardeur.

MARIANE

Hélas ! permis à vous d'avoir cette pensée.

Le Tartuffe

VALÈRE

Oui, oui, permis à moi ; mais mon âme offensée
Vous préviendra[1] peut-être en un pareil dessein ;
Et je sais où porter et mes vœux et ma main.

MARIANE

Ah ! je n'en doute point ; et les ardeurs qu'excite[2]
295 Le mérite...

VALÈRE

Mon Dieu ! laissons là le mérite :
J'en ai fort peu sans doute, et vous en faites foi.
Mais j'espère aux bontés qu'une autre aura pour moi,
Et j'en sais de qui l'âme, à ma retraite ouverte,
300 Consentira sans honte à réparer ma perte.

MARIANE

La perte n'est pas grande ; et de ce changement
Vous vous consolerez assez facilement.

VALÈRE

J'y ferai mon possible, et vous le pouvez croire.
Un cœur qui nous oublie engage notre gloire[3] ;
305 Il faut à l'oublier mettre aussi tous nos soins :
Si l'on n'en vient à bout, on le doit feindre au moins ;
Et cette lâcheté jamais ne se pardonne,
De montrer de l'amour pour qui nous abandonne.

MARIANE

Ce sentiment, sans doute, est noble et relevé.

VALÈRE

310 Fort bien ; et d'un chacun il doit être approuvé.

Vocabulaire
1. *Préviendra* : devancera.
2. *Excite* : provoque.
3. *Engage notre gloire* : compromet irrémédiablement notre honneur.

Acte II, scène 4

Hé quoi ? vous voudriez qu'à jamais dans mon âme
Je gardasse pour vous les ardeurs de ma flamme,
Et vous visse, à mes yeux, passer en d'autres bras,
Sans mettre ailleurs un cœur dont vous ne voulez pas ?

MARIANE

315 Au contraire : pour moi, c'est ce que je souhaite ;
Et je voudrais déjà que la chose fût faite.

VALÈRE

Vous le voudriez ?

MARIANE

Oui.

VALÈRE

C'est assez m'insulter,
Madame ; et, de ce pas je vais vous contenter.

(Il fait un pas pour s'en aller et revient toujours.)

MARIANE

Fort bien.

VALÈRE

Souvenez-vous au moins que c'est vous-même
320 Qui contraignez mon cœur à cet effort extrême.

MARIANE

Oui.

VALÈRE

Et que le dessein que mon âme conçoit
N'est rien qu'à votre exemple.

MARIANE

À mon exemple, soit.

VALÈRE

Suffit : vous allez être à point nommé servie.

Le Tartuffe

MARIANE

Tant mieux.

VALÈRE

Vous me voyez, c'est pour toute ma vie[1].

MARIANE

325 À la bonne heure !

VALÈRE. *Il s'en va ; et, lorsqu'il est vers la porte, il se retourne.*
Euh ?

MARIANE

Quoi ?

VALÈRE

Ne m'appelez-vous pas ?

MARIANE

Moi ? Vous rêvez.

VALÈRE

Hé bien ! je poursuis donc mes pas.
Adieu, Madame.

MARIANE

Adieu, Monsieur.

DORINE

Pour moi, je pense
Que vous perdez l'esprit par cette extravagance ;
Et je vous ai laissé tout du long quereller,
330 Pour voir où tout cela pourrait enfin aller.
Holà ! Seigneur Valère.

(Elle va l'arrêter par le bras, et lui fait mine de grande résistance.)

Vocabulaire
1. *C'est pour toute ma vie* : c'est la dernière fois (que vous me voyez).

Acte II, scène 4

VALÈRE

Hé ! que veux-tu, Dorine ?

DORINE

Venez ici.

VALÈRE

Non, non, le dépit me domine.
Ne me détourne point de ce qu'elle a voulu.

DORINE

Arrêtez.

VALÈRE

Non, vois-tu ? c'est un point résolu.

DORINE

335 Ah !

MARIANE

Il souffre à me voir, ma présence le chasse,
Et je ferai bien mieux de lui quitter la place.

DORINE. *Elle quitte Valère et court à Mariane.*
À l'autre ! Où courez-vous ?

MARIANE

Laisse.

DORINE

Il faut revenir.

MARIANE

Non, non, Dorine ; en vain tu veux me retenir.

VALÈRE, *à part.*

Je vois bien que ma vue est pour elle un supplice,
340 Et sans doute il vaut mieux que je l'en affranchisse.

Le Tartuffe

DORINE. *Elle quitte Mariane et court à Valère.*
Encor ? Diantre soit fait de vous si je le veux !
Cessez ce badinage[1], et venez çà tous deux.

(Elle les tire l'un et l'autre.)

VALÈRE

Mais quel est ton dessein ?

MARIANE

Qu'est-ce que tu veux faire ?

DORINE

Vous bien remettre ensemble, et vous tirer d'affaire.
345 Êtes-vous fou d'avoir un pareil démêlé ?

VALÈRE

N'as-tu pas entendu comme elle m'a parlé ?

DORINE

Êtes-vous folle, vous, de vous être emportée ?

MARIANE

N'as-tu pas vu la chose, et comme il m'a traitée ?

DORINE

Sottise des deux parts. Elle n'a d'autre soin
350 Que de se conserver à vous, j'en suis témoin.
Il n'aime que vous seule, et n'a point d'autre envie
Que d'être votre époux ; j'en réponds sur ma vie.

MARIANE

Pourquoi donc me donner un semblable conseil ?

VALÈRE

Pourquoi m'en demander sur un sujet pareil ?

Vocabulaire
1. *Badinage* : conversation stupide.

Acte II, scène 4

DORINE

355 Vous êtes fous tous deux. Çà, la main l'un et l'autre.
Allons, vous.

VALÈRE, *en donnant sa main à Dorine.*
À quoi bon ma main ?

DORINE
Ah ! çà, la vôtre.

MARIANE, *en donnant aussi sa main.*
De quoi sert tout cela ?

DORINE
Mon Dieu ! vite, avancez.
Vous vous aimez tous deux plus que vous ne pensez.

VALÈRE

Mais ne faites donc point les choses avec peine,
360 Et regardez un peu les gens sans nulle haine.

(Mariane tourne l'œil sur Valère et fait un petit souris[1].)

DORINE
À vous dire le vrai, les amants sont bien fous !

VALÈRE, *à Mariane.*
Ho çà, n'ai-je pas lieu de me plaindre de vous ?
Et, pour n'en point mentir, n'êtes-vous pas méchante
De vous plaire à me dire une chose affligeante ?

MARIANE

365 Mais vous, n'êtes-vous pas l'homme le plus ingrat… ?

DORINE
Pour une autre saison laissons tout ce débat,

Vocabulaire
1. *Souris* : sourire.

Le Tartuffe

Et songeons à parer ce fâcheux mariage.

MARIANE

Dis-nous donc quels ressorts[1] il faut mettre en usage.

DORINE

Nous en ferons agir de toutes les façons.
370 Votre père se moque, et ce sont des chansons ;
Mais pour vous, il vaut mieux qu'à son extravagance
D'un doux consentement vous prêtiez l'apparence,
Afin qu'en cas d'alarme il vous soit plus aisé
De tirer en longueur cet hymen proposé.
375 En attrapant du temps, à tout on remédie.
Tantôt vous payerez[2] de quelque maladie,
Qui viendra tout à coup, et voudra des délais ;
Tantôt vous payerez de présages mauvais :
Vous aurez fait d'un mort la rencontre fâcheuse,
380 Cassé quelque miroir, ou songé d'eau bourbeuse[3] :
Enfin le bon de tout c'est qu'à d'autres qu'à lui
On ne vous peut lier, que vous ne disiez « oui ».
Mais pour mieux réussir, il est bon, ce me semble,
Qu'on ne vous trouve point tous deux parlant ensemble.

(À Valère.)

385 Sortez, et, sans tarder, employez vos amis,
Pour vous faire tenir ce qu'on vous a promis.
Nous allons réveiller les efforts de son frère,
Et dans notre parti jeter la belle-mère.
Adieu.

Vocabulaire

1. *Ressorts* : moyens d'action discrets et habiles.

2. *Payerez* : prétexterez.

3. *Bourbeuse* : trouble.

Acte II, scène 4

VALÈRE, *à Mariane.*

Quelques efforts que nous préparions tous,
390 Ma plus grande espérance, à vrai dire, est en vous.

MARIANE, *à Valère.*

Je ne vous réponds pas des volontés d'un père ;
Mais je ne serai point à d'autre qu'à Valère.

VALÈRE

Que vous me comblez d'aise ! Et, quoi que puisse oser…

DORINE

Ah ! jamais les amants ne sont las de jaser.
395 Sortez, vous dis-je.

VALÈRE. *Il fait un pas et revient.*
Enfin…

DORINE

Quel caquet est le vôtre !

(Les poussant chacun par l'épaule.)

Tirez de cette part[1] ; et vous, tirez de l'autre.

Vocabulaire
1. *Tirez de cette part* : retirez-vous de ce côté.

Le Tartuffe

Acte III

Scène 1

DAMIS, DORINE

DAMIS

Que la foudre sur l'heure achève mes destins,
Qu'on me traite partout du plus grand des faquins[1]
S'il est aucun respect ni pouvoir qui m'arrête,
Et si je ne fais pas quelque coup de ma tête !

DORINE

5 De grâce, modérez un tel emportement :
Votre père n'a fait qu'en parler simplement.
On n'exécute pas tout ce qui se propose,
Et le chemin est long du projet à la chose.

DAMIS

Il faut que de ce fat j'arrête les complots,
10 Et qu'à l'oreille un peu je lui dise deux mots.

DORINE

Ah ! tout doux ! Envers lui, comme envers votre père,
Laissez agir les soins de votre belle-mère.
Sur l'esprit de Tartuffe elle a quelque crédit[2] ;
Il se rend complaisant à tout ce qu'elle dit,
15 Et pourrait bien avoir douceur de cœur pour elle.
Plût à Dieu qu'il fût vrai ! la chose serait belle.
Enfin votre intérêt l'oblige à le mander[3] ;

Vocabulaire
1. *Faquins* : canailles.
2. *Quelque crédit* : certaine influence.
3. *Mander* : faire venir ici.

Acte III, scène 1

Sur l'hymen qui vous trouble elle veut le sonder,
Savoir ses sentiments, et lui faire connaître
20 Quels fâcheux démêlés il pourra faire naître,
S'il faut qu'à ce dessein il prête quelque espoir.
Son valet dit qu'il prie, et je n'ai pu le voir ;
Mais ce valet m'a dit qu'il s'en allait descendre.
Sortez donc, je vous prie, et me laissez l'attendre.

DAMIS

25 Je puis être présent à tout cet entretien.

DORINE

Point. Il faut qu'ils soient seuls.

DAMIS

            Je ne lui dirai rien.

DORINE

Vous vous moquez : on sait vos transports ordinaires[1],
Et c'est le vrai moyen de gâter les affaires.
Sortez.

DAMIS

       Non : je veux voir, sans me mettre en courroux.

DORINE

30 Que vous êtes fâcheux ! Il vient. Retirez-vous.

Vocabulaire
1. *Transports ordinaires* : habitudes à vous emporter.

Le Tartuffe

Scène 2

TARTUFFE, LAURENT, DORINE

TARTUFFE, *apercevant Dorine.*
Laurent, serrez[1] ma haire[2] avec ma discipline[3] ;
Et priez que toujours le Ciel vous illumine.
Si l'on vient pour me voir, je vais aux prisonniers
Des aumônes que j'ai partager les deniers.

DORINE
35 Que d'affectation[4] et de forfanterie[5] !

TARTUFFE
Que voulez-vous ?

DORINE
Vous dire…

TARTUFFE. *Il tire un mouchoir de sa poche.*
Ah ! mon Dieu, je vous prie,
Avant que de parler prenez-moi ce mouchoir.

DORINE
Comment ?

TARTUFFE
Couvrez ce sein que je ne saurais voir.
Par de pareils objets les âmes sont blessées,
40 Et cela fait venir de coupables pensées.

Vocabulaire
1. *Serrez* : rangez.
2. *Haire* : vêtement en tissu épais et grossier porté traditionnellement par les pénitents.
3. *Discipline* : fouet qui servait d'instrument de pénitence.

4. *Affectation* : absence de naturel, fausseté.
5. *Forfanterie* : exagération.

Acte III, scène 2

DORINE

Vous êtes donc bien tendre à la tentation,
Et la chair sur vos sens fait grande impression !
Certes, je ne sais pas quelle chaleur vous monte :
Mais à convoiter, moi, je ne suis point si prompte,
45 Et je vous verrais nu du haut jusques en bas,
Que toute votre peau ne me tenterait pas.

TARTUFFE

Mettez dans vos discours un peu de modestie,
Ou je vais sur-le-champ vous quitter la partie[1].

DORINE

Non, non, c'est moi qui vais vous laisser en repos,
50 Et je n'ai seulement qu'à vous dire deux mots.
Madame va venir dans cette salle basse[2],
Et d'un mot d'entretien vous demande la grâce.

TARTUFFE

Hélas ! très volontiers.

DORINE, *en soi-même.*

Comme il se radoucit !
Ma foi, je suis toujours pour ce que j'en ai dit[3].

TARTUFFE

55 Viendra-t-elle bientôt ?

DORINE

Je l'entends, ce me semble.
Oui, c'est elle en personne, et je vous laisse ensemble.

Vocabulaire

1. *Quitter la partie* : interrompre la conversation en sortant.
2. *Salle basse* : située au rez-de-chaussée.

3. *Je suis toujours pour ce que j'en ai dit* : je ne change pas d'avis (sur l'intérêt qu'il porte à Elmire).

Le Tartuffe

Scène 3

ELMIRE, TARTUFFE

TARTUFFE

Que le Ciel à jamais par sa toute bonté
Et de l'âme et du corps vous donne la santé,
Et bénisse vos jours autant que le désire
60 Le plus humble de ceux que son amour inspire.

ELMIRE

Je suis fort obligée à ce souhait pieux.
Mais prenons une chaise, afin d'être un peu mieux.

TARTUFFE

Comment de votre mal vous sentez-vous remise ?

ELMIRE

Fort bien ; et cette fièvre a bientôt quitté prise.

TARTUFFE

65 Mes prières n'ont pas le mérite qu'il faut
Pour avoir attiré cette grâce d'en haut ;
Mais je n'ai fait au Ciel nulle dévote instance[1]
Qui n'ait eu pour objet votre convalescence.

ELMIRE

Votre zèle pour moi s'est trop inquiété.

TARTUFFE

70 On ne peut trop chérir votre chère santé,
Et pour la rétablir j'aurais donné la mienne.

ELMIRE

C'est pousser bien avant la charité chrétienne,

Vocabulaire
1. *Dévote instance* : prière.

Acte III, scène 3

Et je vous dois beaucoup pour toutes ces bontés.

TARTUFFE

Je fais bien moins pour vous que vous ne méritez.

ELMIRE

75 J'ai voulu vous parler en secret d'une affaire,
Et suis bien aise ici qu'aucun ne nous éclaire[1].

TARTUFFE

J'en suis ravi de même, et sans doute il m'est doux,
Madame, de me voir seul à seul avec vous :
C'est une occasion qu'au Ciel j'ai demandée,
80 Sans que jusqu'à cette heure il me l'ait accordée.

ELMIRE

Pour moi, ce que je veux, c'est un mot d'entretien,
Où tout votre cœur s'ouvre, et ne me cache rien.

TARTUFFE

Et je ne veux aussi pour grâce singulière
Que montrer à vos yeux mon âme tout entière,
85 Et vous faire serment que les bruits[2] que j'ai faits
Des visites qu'ici reçoivent vos attraits
Ne sont pas envers vous l'effet d'aucune haine,
Mais plutôt d'un transport de zèle qui m'entraîne,
Et d'un pur mouvement...

ELMIRE

Je le prends bien aussi,
90 Et crois que mon salut vous donne ce souci.

TARTUFFE. *Il lui serre le bout des doigts.*
Oui, Madame, sans doute, et ma ferveur est telle...

Vocabulaire
1. *Éclaire* : voie, épie.   **2.** *Bruits* : critiques.

Le Tartuffe

ELMIRE

Ouf ! vous me serrez trop.

TARTUFFE

C'est par excès de zèle.

De vous faire autre mal je n'eus jamais dessein,

Et j'aurais bien plutôt...

(Il lui met la main sur le genou.)

ELMIRE

Que fait là votre main ?

TARTUFFE

95 Je tâte votre habit : l'étoffe en est moelleuse.

ELMIRE

Ah ! de grâce, laissez, je suis fort chatouilleuse.

(Elmire recule sa chaise, et Tartuffe rapproche la sienne.)

TARTUFFE

Mon Dieu ! que de ce point[1] l'ouvrage est merveilleux !

On travaille aujourd'hui d'un air[2] miraculeux ;

Jamais, en toute chose, on n'a vu si bien faire.

ELMIRE

100 Il est vrai. Mais parlons un peu de notre affaire.

On tient que mon mari veut dégager sa foi

Et vous donner sa fille. Est-il vrai, dites-moi ?

TARTUFFE

Il m'en a dit deux mots ; mais, Madame, à vrai dire,

Ce n'est pas le bonheur après quoi je soupire ;

105 Et je vois autre part les merveilleux attraits

De la félicité qui fait tous mes souhaits.

Vocabulaire
1. *Point* : dentelle.   **2.** *Air* : manière.

Acte III, scène 3

ELMIRE

C'est que vous n'aimez rien des choses de la terre.

TARTUFFE

Mon sein n'enferme pas un cœur qui soit de pierre.

ELMIRE

Pour moi, je crois qu'au Ciel tendent tous vos soupirs,
110 Et que rien ici-bas n'arrête vos désirs.

TARTUFFE

L'amour qui nous attache aux beautés éternelles
N'étouffe pas en nous l'amour des temporelles ;
Nos sens facilement peuvent être charmés
Des ouvrages parfaits que le Ciel a formés.
115 Ses attraits réfléchis brillent dans vos pareilles[1] ;
Mais il étale en vous ses plus rares merveilles.
Il a sur votre face épanché des beautés
Dont les yeux sont surpris, et les cœurs transportés,
Et je n'ai pu vous voir, parfaite créature,
120 Sans admirer en vous l'auteur de la nature,
Et d'une ardente amour sentir mon cœur atteint,
Au plus beau des portraits où lui-même il s'est peint.
D'abord j'appréhendai que cette ardeur secrète
Ne fût du noir esprit[2] une surprise adroite ;
125 Et même à fuir vos yeux mon cœur se résolut,
Vous croyant un obstacle à faire mon salut.
Mais enfin je connus, ô beauté tout aimable,
Que cette passion peut n'être point coupable,
Que je puis l'ajuster avecque la pudeur,
130 Et c'est ce qui m'y fait abandonner mon cœur.

Vocabulaire
1. *Ses attraits réfléchis brillent dans vos pareilles* : ses perfections se retrouvent dans les autres femmes et les embellissent.
2. *Noir esprit* : du diable.

Le Tartuffe

Ce m'est, je le confesse, une audace bien grande
Que d'oser de ce cœur vous adresser l'offrande ;
Mais j'attends en mes vœux tout de votre bonté,
Et rien des vains efforts de mon infirmité[1] ;
135 En vous est mon espoir, mon bien, ma quiétude[2],
De vous dépend ma peine ou ma béatitude[3],
Et je vais être enfin, par votre seul arrêt[4],
Heureux, si vous voulez, malheureux, s'il vous plaît.

ELMIRE

La déclaration est tout à fait galante,
140 Mais elle est, à vrai dire, un peu bien surprenante.
Vous deviez, ce me semble, armer mieux votre sein[5],
Et raisonner un peu sur un pareil dessein.
Un dévot comme vous, et que partout on nomme...

TARTUFFE

Ah ! pour être dévot, je n'en suis pas moins homme ;
145 Et lorsqu'on vient à voir vos célestes[6] appas,
Un cœur se laisse prendre, et ne raisonne pas.
Je sais qu'un tel discours de moi paraît étrange ;
Mais, Madame, après tout, je ne suis pas un ange ;
Et si vous condamnez l'aveu que je vous fais,
150 Vous devez vous en prendre à vos charmants attraits.
Dès que j'en vis briller la splendeur plus qu'humaine,
De mon intérieur[7] vous fûtes souveraine ;
De vos regards divins l'ineffable douceur
Força la résistance où s'obstinait mon cœur ;

Vocabulaire
1. *Infirmité* : faiblesse.
2. *Quiétude* : sérénité, tranquillité d'esprit.
3. *Béatitude* : bonheur absolu.
4. *Seul arrêt* : ce que vous allez me répondre.
5. *Sein* : cœur.
6. *Célestes* : que l'on peut apparenter à ceux des anges.
7. *De mon intérieur* : de tout mon être profond, de toute mon âme.

Acte III, scène 3

155 Elle surmonta tout, jeûnes, prières, larmes,
    Et tourna tous mes vœux du côté de vos charmes.
    Mes yeux et mes soupirs vous l'ont dit mille fois,
    Et pour mieux m'expliquer j'emploie ici la voix.
    Que si vous contemplez d'une âme un peu bénigne[1],
160 Les tribulations[2] de votre esclave indigne,
    S'il faut que vos bontés veuillent me consoler
    Et jusqu'à mon néant daignent se ravaler[3],
    J'aurai toujours pour vous, ô suave merveille,
    Une dévotion à nulle autre pareille.
165 Votre honneur avec moi ne court point de hasard[4],
    Et n'a nulle disgrâce à craindre de ma part.
    Tous ces galants de cour, dont les femmes sont folles,
    Sont bruyants dans leurs faits et vains dans leurs paroles,
    De leurs progrès sans cesse on les voit se targuer[5] ;
170 Ils n'ont point de faveurs qu'ils n'aillent divulguer,
    Et leur langue indiscrète, en qui l'on se confie,
    Déshonore l'autel où leur cœur sacrifie.
    Mais les gens comme nous brûlent d'un feu discret,
    Avec qui pour toujours on est sûr du secret :
175 Le soin que nous prenons de notre renommée
    Répond de toute chose à la personne aimée,
    Et c'est en nous qu'on trouve, acceptant notre cœur,
    De l'amour sans scandale et du plaisir sans peur.

ELMIRE

Je vous écoute dire, et votre rhétorique[6]
180 En termes assez forts à mon âme s'explique.

Vocabulaire

1. *Bénigne* : bienveillante.
2. *Tribulations* : tourments (envoyés par Dieu).
3. *Se ravaler* : descendre.

4. *Ne court point de hasard* : ne prend aucun risque.
5. *Se targuer* : se vanter.
6. *Rhétorique* : argumentation.

Le Tartuffe

N'appréhendez-vous point que je ne sois d'humeur
À dire à mon mari cette galante ardeur,
Et que le prompt avis d'un amour de la sorte
Ne pût bien altérer l'amitié qu'il vous porte ?

TARTUFFE

185 Je sais que vous avez trop de bénignité,
Et que vous ferez grâce à ma témérité,
Que vous m'excuserez sur l'humaine faiblesse
Des violents transports d'un amour qui vous blesse,
Et considérerez, en regardant votre air[1],
190 Que l'on n'est pas aveugle, et qu'un homme est de chair.

ELMIRE

D'autres prendraient cela d'autre façon peut-être ;
Mais ma discrétion se veut faire paraître.
Je ne redirai point l'affaire à mon époux ;
Mais je veux en revanche une chose de vous :
195 C'est de presser tout franc et sans nulle chicane[2]
L'union de Valère avecque Mariane,
De renoncer vous-même à l'injuste pouvoir
Qui veut du bien d'un autre enrichir votre espoir,
Et...

Scène 4

DAMIS, ELMIRE, TARTUFFE

DAMIS, *sortant du cabinet où il s'était retiré.*
Non, Madame, non : ceci doit se répandre.
200 J'étais en cet endroit, d'où j'ai pu tout entendre ;

Vocabulaire
1. *Air* : traits du visage.   **2.** *Chicane* : contestation, difficulté.

Acte III, scène 4

Et la bonté du Ciel m'y semble avoir conduit
Pour confondre l'orgueil d'un traître qui me nuit,
Pour m'ouvrir une voie à prendre la vengeance
De son hypocrisie et de son insolence,
205 À détromper mon père, et lui mettre en plein jour
L'âme d'un scélérat qui vous parle d'amour.

ELMIRE

Non, Damis : il suffit qu'il se rende plus sage,
Et tâche à mériter la grâce où je m'engage.
Puisque je l'ai promis, ne m'en dédites pas.
210 Ce n'est point mon humeur de faire des éclats :
Une femme se rit de sottises pareilles,
Et jamais d'un mari n'en trouble les oreilles.

DAMIS

Vous avez vos raisons pour en user ainsi,
Et pour faire autrement j'ai les miennes aussi.
215 Le vouloir épargner est une raillerie ;
Et l'insolent orgueil de sa cagoterie
N'a triomphé que trop de mon juste courroux,
Et que trop excité de désordre chez nous.
Le fourbe trop longtemps a gouverné mon père,
220 Et desservi mes feux[1] avec ceux de Valère.
Il faut que du perfide il soit désabusé,
Et le Ciel pour cela m'offre un moyen aisé.
De cette occasion je lui suis redevable,
Et pour la négliger, elle est trop favorable :
225 Ce serait mériter qu'il me la vînt ravir
Que de l'avoir en main et ne m'en pas servir.

Vocabulaire
1. *Desservi mes feux* : nui à mon amour.

Le Tartuffe

ELMIRE

Damis…

DAMIS

Non, s'il vous plaît, il faut que je me croie[1].
Mon âme est maintenant au comble de sa joie ;
Et vos discours en vain prétendent m'obliger
230 À quitter le plaisir de me pouvoir venger.
Sans aller plus avant, je vais vuider[2] d'affaire ;
Et voici justement de quoi me satisfaire.

Scène 5

ORGON, DAMIS, TARTUFFE, ELMIRE

DAMIS

Nous allons régaler, mon père, votre abord[3]
D'un incident tout frais qui vous surprendra fort.
235 Vous êtes bien payé de toutes vos caresses[4],
Et Monsieur d'un beau prix reconnaît vos tendresses.
Son grand zèle pour vous vient de se déclarer :
Il ne va pas à moins qu'à vous déshonorer ;
Et je l'ai surpris là qui faisait à Madame
240 L'injurieux aveu d'une coupable flamme.
Elle est d'une humeur douce, et son cœur trop discret
Voulait à toute force en garder le secret ;
Mais je ne puis flatter une telle impudence.
Et crois que vous la taire est vous faire une offense.

Vocabulaire
1. *Que je me croie* : que je fasse comme bon me semble.
2. *Vuider* : en finir (avec cette affaire).
3. *Abord* : venue ici.

4. *Caresses* : manifestations de sympathie, d'amitié.

74

Acte III, scène 6

ELMIRE

245 Oui, je tiens que jamais de tous ces vains propos
On ne doit d'un mari traverser le repos,
Que ce n'est point de là que l'honneur peut dépendre,
Et qu'il suffit pour nous de savoir nous défendre :
Ce sont mes sentiments ; et vous n'auriez rien dit,
250 Damis, si j'avais eu sur vous quelque crédit.

Scène 6

ORGON, DAMIS, TARTUFFE

ORGON

Ce que je viens d'entendre, ô Ciel ! est-il croyable ?

TARTUFFE

Oui, mon frère, je suis un méchant, un coupable,
Un malheureux pécheur, tout plein d'iniquité[1],
Le plus grand scélérat qui jamais ait été ;
255 Chaque instant de ma vie est chargé de souillures ;
Elle n'est qu'un amas de crimes et d'ordures ;
Et je vois que le Ciel, pour ma punition,
Me veut mortifier[2] en cette occasion.
De quelque grand forfait qu'on me puisse reprendre,
260 Je n'ai garde d'avoir l'orgueil de m'en défendre.
Croyez ce qu'on vous dit, armez votre courroux,
Et comme un criminel chassez-moi de chez vous :
Je ne saurais avoir tant de honte en partage,
Que je n'en aie encor mérité davantage.

Vocabulaire
1. *Iniquité* : qui se comporte injuste-
ment, avec ingratitude.

2. *Mortifier* : châtier durement.

Le Tartuffe

ORGON, *à son fils.*

265 Ah ! traître, oses-tu bien par cette fausseté
Vouloir de sa vertu ternir la pureté ?

DAMIS

Quoi ? la feinte douceur de cette âme hypocrite
Vous fera démentir… ?

ORGON

Tais-toi, peste maudite.

TARTUFFE

Ah ! laissez-le parler : vous l'accusez à tort,
270 Et vous ferez bien mieux de croire à son rapport.
Pourquoi sur un tel fait m'être si favorable ?
Savez-vous, après tout, de quoi je suis capable ?
Vous fiez-vous, mon frère, à mon extérieur ?
Et, pour tout ce qu'on voit, me croyez-vous meilleur ?
275 Non, non : vous vous laissez tromper à l'apparence,
Et je ne suis rien moins, hélas ! que ce qu'on pense ;
Tout le monde me prend pour un homme de bien ;
Mais la vérité pure est que je ne vaux rien.

(S'adressant à Damis.)

Oui, mon cher fils, parlez ; traitez-moi de perfide,
280 D'infâme, de perdu, de voleur, d'homicide ;
Accablez-moi de noms encor plus détestés :
Je n'y contredis point, je les ai mérités ;
Et j'en veux à genoux souffrir l'ignominie[1],
Comme une honte due aux crimes de ma vie.

ORGON, *à Tartuffe.*

285 Mon frère, c'en est trop.

Vocabulaire
1. *Ignominie* : grand déshonneur.

Acte III, scène 6

(À son fils.)

Ton cœur ne se rend point,
Traître ?

DAMIS

Quoi ? ses discours vous séduiront au point...

ORGON

Tais-toi, pendard.

(À Tartuffe.)

Mon frère, hé ! levez-vous, de grâce !

(À son fils.)

Infâme !

DAMIS

Il peut...

ORGON

Tais-toi.

DAMIS

J'enrage ! Quoi ? je passe...

ORGON

Si tu dis un seul mot, je te romprai les bras.

TARTUFFE

290 Mon frère, au nom de Dieu, ne vous emportez pas.
J'aimerais mieux souffrir la peine la plus dure,
Qu'il eût reçu pour moi la moindre égratignure.

ORGON, *à son fils.*

Ingrat !

TARTUFFE

Laissez-le en paix. S'il faut, à deux genoux,
Vous demander sa grâce...

Le Tartuffe

ORGON, *à Tartuffe.*
Hélas ! vous moquez-vous ?

(À son fils.)

Coquin ! vois sa bonté.

DAMIS
Donc...

ORGON
Paix.

DAMIS
295   Quoi ? je...

ORGON
                      Paix ! dis-je.
Je sais bien quel motif à l'attaquer t'oblige :
Vous le haïssez tous ; et je vois aujourd'hui
Femme, enfants et valets déchaînés contre lui ;
On met impudemment toute chose en usage,
300 Pour ôter de chez moi ce dévot personnage.
Mais plus on fait d'effort afin de l'en bannir,
Plus j'en veux employer à l'y mieux retenir ;
Et je vais me hâter de lui donner ma fille,
Pour confondre l'orgueil de toute ma famille...

DAMIS
305 À recevoir sa main on pense l'obliger ?

ORGON
Oui, traître, et dès ce soir, pour vous faire enrager.
Ah ! je vous brave tous, et vous ferai connaître
Qu'il faut qu'on m'obéisse et que je suis le maître.
Allons, qu'on se rétracte, et qu'à l'instant, fripon,
310 On se jette à ses pieds pour demander pardon.

Acte III, scène 7

DAMIS

Qui, moi ? de ce coquin, qui, par ses impostures...

ORGON

Ah ! tu résistes, gueux, et lui dis des injures ?
Un bâton ! un bâton !

(À Tartuffe.)

Ne me retenez pas.

(À son fils.)

Sus, que de ma maison on sorte de ce pas,
315 Et que d'y revenir on n'ait jamais l'audace.

DAMIS

Oui, je sortirai ; mais...

ORGON

Vite, quittons la place.
Je te prive, pendard, de ma succession,
Et te donne de plus ma malédiction.

Scène 7

ORGON, TARTUFFE

ORGON

Offenser de la sorte une sainte personne !

TARTUFFE

320 Ô Ciel ! pardonne-lui comme je lui pardonne !

(À Orgon.)

Si vous pouviez savoir avec quel déplaisir
Je vois qu'envers mon frère on tâche à me noircir...

ORGON

Hélas !

Le Tartuffe

TARTUFFE

Le seul penser de cette ingratitude
Fait souffrir à mon âme un supplice si rude...
325 L'horreur que j'en conçois... J'ai le cœur si serré,
Que je ne puis parler, et crois que j'en mourrai.

ORGON. *Il court tout en larmes à la porte*
par où il a chassé son fils.
Coquin ! je me repens que ma main t'ait fait grâce,
Et ne t'ait pas d'abord assommé sur la place.
Remettez-vous, mon frère, et ne vous fâchez pas.

TARTUFFE

330 Rompons, rompons le cours de ces fâcheux débats.
Je regarde céans quels grands troubles j'apporte,
Et crois qu'il est besoin, mon frère, que j'en sorte.

ORGON

Comment ? vous moquez-vous ?

TARTUFFE

On m'y hait, et je vois
Qu'on cherche à vous donner des soupçons de ma foi.

ORGON

335 Qu'importe ? Voyez-vous que mon cœur les écoute ?

TARTUFFE

On ne manquera pas de poursuivre, sans doute ;
Et ces mêmes rapports qu'ici vous rejetez
Peut-être une autre fois seront-ils écoutés.

ORGON

Non, mon frère, jamais.

TARTUFFE

Ah ! mon frère, une femme
340 Aisément d'un mari peut bien surprendre l'âme.

Acte III, scène 7

ORGON

Non, non.

TARTUFFE

Laissez-moi vite, en m'éloignant d'ici,
Leur ôter tout sujet de m'attaquer ainsi.

ORGON

Non, vous demeurerez : il y va de ma vie.

TARTUFFE

Hé bien ! il faudra donc que je me mortifie.
Pourtant, si vous vouliez...

ORGON

345   Ah !

TARTUFFE

Soit : n'en parlons plus.
Mais je sais comme il faut en user là-dessus.
L'honneur est délicat, et l'amitié m'engage
À prévenir les bruits[1] et les sujets d'ombrage.
Je fuirai votre épouse, et vous ne me verrez...

ORGON

350 Non, en dépit de tous, vous la fréquenterez.
Faire enrager le monde est ma plus grande joie,
Et je veux qu'à toute heure avec elle on vous voie.
Ce n'est pas tout encor : pour les mieux braver tous,
Je ne veux point avoir d'autre héritier que vous,
355 Et je vais de ce pas, en fort bonne manière,
Vous faire de mon bien donation entière.
Un bon et franc ami, que pour gendre je prends,
M'est bien plus cher que fils, que femme, et que parents.

Vocabulaire
1. *Prévenir les bruits* : protéger des critiques et des rumeurs.

Le Tartuffe

N'accepterez-vous pas ce que je vous propose ?

TARTUFFE

360 La volonté du Ciel soit faite en toute chose.

ORGON

Le pauvre homme ! Allons vite en dresser un écrit,
Et que puisse l'envie en crever de dépit !

Acte IV, scène 1

Acte IV

Scène 1

CLÉANTE, TARTUFFE

CLÉANTE

Oui, tout le monde en parle, et vous m'en pouvez croire,
L'éclat que fait ce bruit n'est point à votre gloire ;
Et je vous ai trouvé, Monsieur, fort à propos,
Pour vous en dire net ma pensée en deux mots.
5 Je n'examine point à fond ce qu'on expose ;
Je passe là-dessus, et prends au pis la chose[1].
Supposons que Damis n'en ait pas bien usé[2],
Et que ce soit à tort qu'on vous ait accusé :
N'est-il pas d'un chrétien de pardonner l'offense,
10 Et d'éteindre en son cœur tout désir de vengeance ?
Et devez-vous souffrir, pour votre démêlé,
Que du logis d'un père un fils soit exilé ?
Je vous le dis encore, et parle avec franchise,
Il n'est petit ni grand, qui ne s'en scandalise ;
15 Et si vous m'en croyez, vous pacifierez tout,
Et ne pousserez point les affaires à bout.
Sacrifiez à Dieu toute votre colère,
Et remettez le fils en grâce avec le père.

TARTUFFE

Hélas ! je le voudrais, quant à moi, de bon cœur :
20 Je ne garde pour lui, Monsieur, aucune aigreur ;
Je lui pardonne tout, de rien je ne le blâme,

Vocabulaire
1. *Prends au pis la chose* : je considère la gravité des faits.

2. *N'en ait pas bien usé* : ne se soit pas bien conduit.

Le Tartuffe

Et voudrais le servir du meilleur de mon âme ;
Mais l'intérêt du Ciel n'y saurait consentir,
Et, s'il rentre céans, c'est à moi d'en sortir.
25 Après son action, qui n'eut jamais d'égale,
Le commerce entre nous porterait du scandale[1] :
Dieu sait ce que d'abord tout le monde en croirait !
À pure politique on me l'imputerait ;
Et l'on dirait partout que, me sentant coupable,
30 Je feins, pour qui m'accuse, un zèle charitable,
Que mon cœur l'appréhende, et veut le ménager,
Pour le pouvoir sous main au silence engager.

CLÉANTE

Vous nous payez ici d'excuses colorées[2].
Et toutes vos raisons, Monsieur, sont trop tirées[3].
35 Des intérêts du Ciel pourquoi vous chargez-vous ?
Pour punir le coupable a-t-il besoin de nous ?
Laissez-lui, laissez-lui le soin de ses vengeances ;
Ne songez qu'au pardon qu'il prescrit des offenses ;
Et ne regardez point aux jugements humains,
40 Quand vous suivez du Ciel les ordres souverains.
Quoi ? le faible intérêt de ce qu'on pourra croire
D'une bonne action empêchera la gloire ?
Non, non : faisons toujours ce que le Ciel prescrit,
Et d'aucun autre soin ne nous brouillons l'esprit.

TARTUFFE

45 Je vous ai déjà dit que mon cœur lui pardonne,
Et c'est faire, Monsieur, ce que le Ciel ordonne ;

Vocabulaire

1. *Le commerce entre nous porterait du scandale* : il serait scandaleux que nous nous fréquentions.

2. *Vous nous payez ici d'excuses colorées* : vos arguments ne sont pas valables.

3. *Tirées* : sous-entendu tirées par les cheveux (expression familière).

Acte IV, scène 1

Mais après le scandale et l'affront d'aujourd'hui,
Le Ciel n'ordonne pas que je vive avec lui.

CLÉANTE

Et vous ordonne-t-il, Monsieur, d'ouvrir l'oreille
50 À ce qu'un pur caprice à son père conseille,
Et d'accepter le don qui vous est fait d'un bien
Où le droit vous oblige à ne prétendre rien ?

TARTUFFE

Ceux qui me connaîtront n'auront pas la pensée
Que ce soit un effet d'une âme intéressée.
55 Tous les biens de ce monde ont pour moi peu d'appas,
De leur éclat trompeur je ne m'éblouis pas ;
Et si je me résous à recevoir du père
Cette donation qu'il a voulu me faire,
Ce n'est, à dire vrai, que parce que je crains
60 Que tout ce bien ne tombe en de méchantes mains,
Qu'il ne trouve des gens qui, l'ayant en partage,
En fassent dans le monde un criminel usage,
Et ne s'en servent pas, ainsi que j'ai dessein,
Pour la gloire du Ciel et le bien du prochain.

CLÉANTE

65 Hé ! Monsieur, n'ayez point ces délicates craintes,
Qui d'un juste héritier peuvent causer les plaintes ;
Souffrez, sans vous vouloir embarrasser de rien,
Qu'il soit à ses périls possesseur de son bien ;
Et songez qu'il vaut mieux encor qu'il en mésuse[1],
70 Que si de l'en frustrer il faut qu'on vous accuse.
J'admire[2] seulement que sans confusion
Vous en ayez souffert la proposition ;

Vocabulaire
1. *En mésuse* : l'utilise mal.　　**2.** *Admire* : considère avec stupeur.

Le Tartuffe

Car enfin le vrai zèle a-t-il quelque maxime
Qui montre à dépouiller l'héritier légitime ?
75 Et s'il faut que le Ciel dans votre cœur ait mis
Un invincible obstacle à vivre avec Damis,
Ne vaudrait-il pas mieux qu'en personne discrète
Vous fissiez de céans une honnête retraite,
Que de souffrir ainsi, contre toute raison,
80 Qu'on en chasse pour vous le fils de la maison ?
Croyez-moi, c'est donner de votre prud'homie[1],
Monsieur…

TARTUFFE

Il est, Monsieur, trois heures et demie :
Certain devoir pieux me demande là-haut,
Et vous m'excuserez de vous quitter si tôt.

CLÉANTE

85 Ah !

Scène 2

ELMIRE, MARIANE, DORINE, CLÉANTE

DORINE

De grâce, avec nous employez-vous pour elle,
Monsieur : son âme souffre une douleur mortelle ;
Et l'accord que son père a conclu pour ce soir
La fait, à tous moments, entrer en désespoir.
Il va venir. Joignons nos efforts, je vous prie,
90 Et tâchons d'ébranler, de force ou d'industrie[2],
Ce malheureux dessein qui nous a tous troublés.

Vocabulaire
1. *Prud'homie* : honnêteté, droiture.   2. *D'industrie* : par ruse.

Acte IV, scène 3

Scène 3

ORGON, ELMIRE, MARIANE, CLÉANTE, DORINE

ORGON

Ah ! je me réjouis de vous voir assemblés :

(À Mariane.)

Je porte en ce contrat de quoi vous faire rire[1],
Et vous savez déjà ce que cela veut dire.

MARIANE, *à genoux.*

95 Mon père, au nom du Ciel, qui connaît ma douleur,
Et par tout ce qui peut émouvoir votre cœur,
Relâchez-vous un peu des droits de la naissance[2],
Et dispensez mes vœux[3] de cette obéissance ;
Ne me réduisez point par cette dure loi
100 Jusqu'à me plaindre au Ciel de ce que je vous dois,
Et cette vie, hélas ! que vous m'avez donnée,
Ne me la rendez pas, mon père, infortunée.
Si, contre un doux espoir que j'avais pu former,
Vous me défendez d'être à ce que j'ose aimer,
105 Au moins, par vos bontés, qu'à vos genoux j'implore,
Sauvez-moi du tourment d'être à ce que j'abhorre,
Et ne me portez point à quelque désespoir,
En vous servant sur moi de tout votre pouvoir.

ORGON, *se sentant attendrir.*

Allons, ferme, mon cœur, point de faiblesse humaine.

MARIANE

110 Vos tendresses pour lui ne me font point de peine ;

Vocabulaire

1. *De quoi vous faire rire* : clause qui devrait vous plaire, et donc vous faire sourire.

2. *Relâchez-vous un peu des droits de la naissance* : lâchez un peu votre autorité paternelle.
3. *Vœux* : cœur amoureux.

Le Tartuffe

Faites-les éclater, donnez-lui votre bien,
Et, si ce n'est assez, joignez-y tout le mien :
J'y consens de bon cœur, et je vous l'abandonne ;
Mais au moins n'allez pas jusques à ma personne,
115 Et souffrez qu'un couvent dans les austérités
Use les tristes jours que le Ciel m'a comptés.

ORGON

Ah ! voilà justement de mes religieuses,
Lorsqu'un père combat leurs flammes amoureuses !
Debout ! Plus votre cœur répugne à l'accepter,
120 Plus ce sera pour vous matière à mériter :
Mortifiez vos sens avec ce mariage,
Et ne me rompez pas la tête davantage.

DORINE

Mais quoi... ?

ORGON

Taisez-vous, vous ; parlez à votre écot[1] :
Je vous défends tout net d'oser dire un seul mot.

CLÉANTE

125 Si par quelque conseil vous souffrez qu'on réponde...

ORGON

Mon frère, vos conseils sont les meilleurs du monde,
Ils sont bien raisonnés, et j'en fais un grand cas ;
Mais vous trouverez bon que je n'en use pas.

ELMIRE, *à son mari.*

À voir ce que je vois, je ne sais plus que dire,
130 Et votre aveuglement fait que je vous admire :

Vocabulaire
1. *Parlez à votre écot* : mêlez-vous de vos affaires.

Acte IV, scène 3

C'est être bien coiffé, bien prévenu, de lui,
Que de nous démentir[1] sur le fait d'aujourd'hui.

ORGON

Je suis votre valet[2], et crois les apparences :
Pour mon fripon de fils je sais vos complaisances
135 Et vous avez eu peur de le désavouer
Du trait[3] qu'à ce pauvre homme il a voulu jouer ;
Vous étiez trop tranquille enfin pour être crue,
Et vous auriez paru d'autre manière émue.

ELMIRE

Est-ce qu'au simple aveu d'un amoureux transport
140 Il faut que notre honneur se gendarme si fort ?
Et ne peut-on répondre à tout ce qui le touche
Que le feu dans les yeux et l'injure à la bouche ?
Pour moi, de tels propos je me ris simplement,
Et l'éclat là-dessus ne me plaît nullement ;
145 J'aime qu'avec douceur nous nous montrions sages,
Et ne suis point du tout pour ces prudes sauvages[4]
Dont l'honneur est armé de griffes et de dents,
Et veut au moindre mot dévisager[5] les gens :
Me préserve le Ciel d'une telle sagesse !
150 Je veux une vertu qui ne soit point diablesse,
Et crois que d'un refus la discrète froideur
N'en est pas moins puissante à rebuter un cœur.

ORGON

Enfin je sais l'affaire et ne prends point le change[6].

Vocabulaire
1. *Démentir* : agir de la sorte, à l'inverse de ce que l'on attendait de sa part.
2. *Je suis votre valet* : je ne suis pas d'accord avec vous (formule de politesse exprimant ici le désaccord).
3. *Trait* : sale tour.

4. *Prudes sauvages* : femmes vertueuses et de ce fait asociales.
5. *Dévisager* : déchirer le visage, défigurer.
6. *Ne prends point le change* : je ne me trompe pas.

Le Tartuffe

ELMIRE

J'admire, encore un coup, cette faiblesse étrange,
155 Mais que me répondrait votre incrédulité
Si je vous faisais voir qu'on vous dit vérité ?

ORGON

Voir ?

ELMIRE

Oui.

ORGON

Chansons[1].

ELMIRE

Mais quoi ? si je trouvais manière
De vous le faire voir avec pleine lumière ?

ORGON

Contes en l'air.

ELMIRE

Quel homme ! Au moins répondez-moi.
160 Je ne vous parle pas de nous ajouter foi ;
Mais supposons ici que, d'un lieu qu'on peut prendre[2],
On vous fît clairement tout voir et tout entendre,
Que diriez-vous alors de votre homme de bien ?

ORGON

En ce cas, je dirais que... Je ne dirais rien,
165 Car cela ne se peut.

ELMIRE

L'erreur trop longtemps dure,
Et c'est trop condamner ma bouche d'imposture.

Vocabulaire

1. *Chansons* : n'importe quoi !

2. *D'un lieu qu'on peut prendre* : dans un endroit précis.

Acte IV, scène 4

Il faut que par plaisir, et sans aller plus loin,
De tout ce qu'on vous dit je vous fasse témoin.

ORGON

Soit : je vous prends au mot. Nous verrons votre adresse,
170 Et comment vous pourrez remplir cette promesse.

ELMIRE

Faites-le-moi venir.

DORINE

Son esprit est rusé,
Et peut-être à surprendre il sera malaisé.

ELMIRE

Non : on est aisément dupé par ce qu'on aime.
Et l'amour-propre[1] engage à se tromper soi-même.
175 Faites-le-moi descendre.

(Parlant à Cléante et à Mariane.)

Et vous, retirez-vous.

Scène 4

ELMIRE, ORGON

ELMIRE

Approchons cette table, et vous mettez dessous.

ORGON

Comment ?

ELMIRE

Vous bien cacher est un point nécessaire.

Vocabulaire
1. *L'amour-propre* : l'intérêt personnel.

Le Tartuffe

ORGON

Pourquoi sous cette table ?

ELMIRE

            Ah ! mon Dieu ! laissez faire :
J'ai mon dessein en tête, et vous en jugerez.
180 Mettez-vous là, vous dis-je ; et, quand vous y serez,
Gardez qu'on ne vous voie et qu'on ne vous entende.

ORGON

Je confesse qu'ici ma complaisance est grande ;
Mais de votre entreprise il vous faut voir sortir.

ELMIRE

Vous n'aurez, que je crois, rien à me repartir.

(À son mari, qui est sous la table.)

185 Au moins, je vais toucher une étrange matière :
Ne vous scandalisez en aucune manière.
Quoi que je puisse dire, il doit m'être permis,
Et c'est pour vous convaincre, ainsi que j'ai promis.
Je vais par des douceurs, puisque j'y suis réduite,
190 Faire poser le masque à cette âme hypocrite,
Flatter de son amour les désirs effrontés,
Et donner un champ libre à ses témérités.
Comme c'est pour vous seul, et pour mieux le confondre,
Que mon âme à ses vœux va feindre de répondre,
195 J'aurai lieu de cesser dès que vous vous rendrez,
Et les choses n'iront que jusqu'où vous voudrez.
C'est à vous d'arrêter son ardeur insensée,
Quand vous croirez l'affaire assez avant poussée,
D'épargner votre femme, et de ne m'exposer
200 Qu'à ce qu'il vous faudra pour vous désabuser :
Ce sont vos intérêts ; vous en serez le maître,
Et... L'on vient. Tenez-vous, et gardez de paraître.

Acte IV, scène 5

Scène 5

TARTUFFE, ELMIRE, ORGON

TARTUFFE

On m'a dit qu'en ce lieu vous me vouliez parler.

ELMIRE

Oui. L'on a des secrets à vous y révéler.
205 Mais tirez cette porte avant qu'on vous les dise,
Et regardez partout, de crainte de surprise.
Une affaire pareille à celle de tantôt
N'est pas assurément ici ce qu'il nous faut.
Jamais il ne s'est vu de surprise de même[1] ;
210 Damis m'a fait pour vous une frayeur extrême,
Et vous avez bien vu que j'ai fait mes efforts
Pour rompre son dessein et calmer ses transports.
Mon trouble, il est bien vrai, m'a si fort possédée,
Que de le démentir je n'ai point eu l'idée ;
215 Mais par là, grâce au Ciel, tout a bien mieux été,
Et les choses en sont dans plus de sûreté.
L'estime où l'on vous tient a dissipé l'orage,
Et mon mari de vous ne peut prendre d'ombrage.
Pour mieux braver l'éclat des mauvais jugements,
220 Il veut que nous soyons ensemble à tous moments ;
Et c'est par où[2] je puis, sans peur d'être blâmée,
Me trouver ici seule avec vous enfermée,
Et ce qui m'autorise à vous ouvrir un cœur
Un peu trop prompt[3] peut-être à souffrir votre ardeur.

Vocabulaire
1. *De même* : pareille.
2. *Par où* : pourquoi.
3. *Prompt* : empressé.

Le Tartuffe

TARTUFFE

225 Ce langage à comprendre est assez difficile,
Madame, et vous parliez tantôt d'un autre style.

ELMIRE

Ah ! si d'un tel refus vous êtes en courroux,
Que le cœur d'une femme est mal connu de vous !
Et que vous savez peu ce qu'il veut faire entendre
230 Lorsque si faiblement on le voit se défendre !
Toujours notre pudeur combat dans ces moments
Ce qu'on peut nous donner de tendres sentiments.
Quelque raison qu'on trouve à l'amour qui nous dompte,
On trouve à l'avouer toujours un peu de honte ;
235 On s'en défend d'abord ; mais de l'air qu'on s'y prend
On fait connaître assez que notre cœur se rend,
Qu'à nos vœux par honneur notre bouche s'oppose,
Et que de tels refus promettent toute chose.
C'est vous faire sans doute un assez libre aveu,
240 Et sur notre pudeur me ménager bien peu ;
Mais puisque la parole enfin en est lâchée,
À retenir Damis me serais-je attachée,
Aurais-je, je vous prie, avec tant de douceur
Écouté tout au long l'offre de votre cœur,
245 Aurais-je pris la chose ainsi qu'on m'a vu faire,
Si l'offre de ce cœur n'eût eu de quoi me plaire ?
Et lorsque j'ai voulu moi-même vous forcer
À refuser l'hymen qu'on venait d'annoncer,
Qu'est-ce que cette instance a dû vous faire entendre,
250 Que l'intérêt qu'en vous on s'avise de prendre,
Et l'ennui qu'on aurait que ce nœud qu'on résout[1]

Vocabulaire
1. *Nœud qu'on résout* : mariage qui se prépare.

Acte IV, scène 5

Vînt partager du moins un cœur que l'on veut tout[1] ?

TARTUFFE

C'est sans doute, Madame, une douceur extrême
Que d'entendre ces mots d'une bouche qu'on aime :
255 Leur miel dans tous mes sens fait couler à longs traits
Une suavité qu'on ne goûta jamais.
Le bonheur de vous plaire est ma suprême étude,
Et mon cœur de vos vœux fait sa béatitude ;
Mais ce cœur vous demande ici la liberté
260 D'oser douter un peu de sa félicité[2].
Je puis croire ces mots un artifice honnête
Pour m'obliger à rompre un hymen qui s'apprête ;
Et s'il faut librement m'expliquer avec vous,
Je ne me fierai point à des propos si doux,
265 Qu'un peu de vos faveurs[3], après quoi je soupire,
Ne vienne m'assurer tout ce qu'ils m'ont pu dire,
Et planter dans mon âme une constante foi
Des charmantes bontés que vous avez pour moi.

ELMIRE. *Elle tousse pour avertir son mari.*

Quoi ? vous voulez aller avec cette vitesse,
270 Et d'un cœur tout d'abord épuiser la tendresse ?
On se tue à vous faire un aveu des plus doux ;
Cependant ce n'est pas encore assez pour vous,
Et l'on ne peut aller jusqu'à vous satisfaire,
Qu'aux dernières faveurs on ne pousse l'affaire ?

TARTUFFE

275 Moins on mérite un bien, moins on l'ose espérer.
Nos vœux sur des discours ont peine à s'assurer.

Vocabulaire
1. *Tout* : tout entier pour soi.
2. *Félicité* : bonheur.
3. *Qu'un peu de vos faveurs* : à moins que quelques faveurs de votre part.

Le Tartuffe

On soupçonne aisément un sort tout plein de gloire,
Et l'on veut en jouir avant que de le croire.
Pour moi, qui crois si peu mériter vos bontés,
280 Je doute du bonheur de mes témérités[1] ;
Et je ne croirai rien, que vous n'ayez, Madame,
Par des réalités su convaincre ma flamme.

ELMIRE

Mon Dieu, que votre amour en vrai tyran agit,
Et qu'en un trouble étrange il me jette l'esprit !
285 Que sur les cœurs il prend un furieux empire,
Et qu'avec violence il veut ce qu'il désire !
Quoi ? de votre poursuite on ne peut se parer[2],
Et vous ne donnez pas le temps de respirer ?
Sied-il bien de tenir une rigueur si grande,
290 De vouloir sans quartier[3] les choses qu'on demande,
Et d'abuser ainsi par vos efforts pressants
Du faible que pour vous vous voyez qu'ont les gens ?

TARTUFFE

Mais si d'un œil bénin vous voyez mes hommages,
Pourquoi m'en refuser d'assurés témoignages ?

ELMIRE

295 Mais comment consentir à ce que vous voulez,
Sans offenser le Ciel, dont toujours vous parlez ?

TARTUFFE

Si ce n'est que le Ciel qu'à mes vœux on oppose,
Lever un tel obstacle est à moi peu de chose,
Et cela ne doit pas retenir votre cœur.

Vocabulaire
1. *Du bonheur de mes témérités* : du
succès de mon audace.
2. *Se parer* : se garder.
3. *Sans quartier* : sans attendre.

Acte IV, scène 5

ELMIRE

300 Mais des arrêts du Ciel on nous fait tant de peur !

TARTUFFE

Je puis vous dissiper ces craintes ridicules,
Madame, et je sais l'art de lever les scrupules.
Le Ciel défend, de vrai, certains contentements ;

(C'est un scélérat qui parle.)

Mais on trouve avec lui des accommodements ;
305 Selon divers besoins, il est une science
D'étendre les liens de notre conscience
Et de rectifier le mal de l'action
Avec la pureté de notre intention.
De ces secrets, Madame, on saura vous instruire ;
310 Vous n'avez seulement qu'à vous laisser conduire.
Contentez mon désir, et n'ayez point d'effroi :
Je vous réponds de tout, et prends le mal sur moi.
Vous toussez fort, Madame.

ELMIRE

Oui, je suis au supplice.

TARTUFFE

Vous plaît-il un morceau de ce jus de réglisse ?

ELMIRE

315 C'est un rhume obstiné, sans doute ; et je vois bien
Que tous les jus du monde ici ne feront rien.

TARTUFFE

Cela certes est fâcheux.

ELMIRE

Oui, plus qu'on ne peut dire.

TARTUFFE

Enfin votre scrupule est facile à détruire :

Le Tartuffe

Vous êtes assurée ici d'un plein secret,
320 Et le mal n'est jamais que dans l'éclat qu'on fait ;
Le scandale du monde est ce qui fait l'offense,
Et ce n'est pas pécher que pécher en silence.

ELMIRE, *après avoir encore toussé.*

Enfin je vois qu'il faut se résoudre à céder,
Qu'il faut que je consente à vous tout accorder,
325 Et qu'à moins de cela je ne dois point prétendre
Qu'on puisse être content, et qu'on veuille se rendre.
Sans doute il est fâcheux d'en venir jusque-là,
Et c'est bien malgré moi que je franchis cela ;
Mais puisque l'on s'obstine à m'y vouloir réduire,
330 Puisqu'on ne veut point croire à tout ce qu'on peut dire,
Et qu'on veut des témoins qui soient plus convaincants,
Il faut bien s'y résoudre, et contenter les gens.
Si ce consentement porte en soi quelque offense,
Tant pis pour qui me force à cette violence ;
335 La faute assurément n'en doit pas être à moi.

TARTUFFE

Oui, Madame, on s'en charge, et la chose de soi...

ELMIRE

Ouvrez un peu la porte, et voyez, je vous prie,
Si mon mari n'est point dans cette galerie[1].

TARTUFFE

Qu'est-il besoin pour lui du soin que vous prenez ?
340 C'est un homme, entre nous, à mener par le nez ;
De tous nos entretiens il est pour faire gloire[2],
Et je l'ai mis au point de voir tout sans rien croire.

Vocabulaire
1. *Galerie* : grande et large pièce.
2. *Pour faire gloire* : par orgueil, pour se faire une réputation.

Acte IV, scène 6

ELMIRE

Il n'importe : sortez, je vous prie, un moment,
Et partout là dehors voyez exactement.

Scène 6

ORGON, ELMIRE

ORGON, *sortant de dessous la table.*

345 Voilà, je vous l'avoue, un abominable homme !
Je n'en puis revenir, et tout ceci m'assomme[1].

ELMIRE

Quoi ? vous sortez sitôt ? Vous vous moquez des gens.
Rentrez sous le tapis, il n'est pas encor temps ;
Attendez jusqu'au bout pour voir les choses sûres,
350 Et ne vous fiez point aux simples conjectures.

ORGON

Non, rien de plus méchant n'est sorti de l'enfer.

ELMIRE

Mon Dieu ! l'on ne doit point croire trop de léger[2].
Laissez-vous bien convaincre avant que de vous rendre,
Et ne vous hâtez point, de peur de vous méprendre.

(Elle fait mettre son mari derrière elle.)

Vocabulaire
1. *Assomme* : accable au plus haut point.   **2.** *De léger* : à la légère.

Le Tartuffe

Scène 7

TARTUFFE, ELMIRE, ORGON

TARTUFFE

355 Tout conspire, Madame, à mon contentement :
J'ai visité de l'œil tout cet appartement[1] ;
Personne ne s'y trouve ; et mon âme ravie...

ORGON, *en l'arrêtant.*

Tout doux ! vous suivez trop votre amoureuse envie,
Et vous ne devez pas vous tant passionner.
360 Ah ! ah ! l'homme de bien, vous m'en voulez donner[2] !
Comme aux tentations s'abandonne votre âme !
Vous épousiez ma fille, et convoitiez ma femme !
J'ai douté fort longtemps que ce fût tout de bon,
Et je croyais toujours qu'on changerait de ton ;
365 Mais c'est assez avant pousser le témoignage :
Je m'y tiens, et n'en veux, pour moi, pas davantage.

ELMIRE, *à Tartuffe.*

C'est contre mon humeur que j'ai fait tout ceci ;
Mais on m'a mise au point de vous traiter ainsi.

TARTUFFE

Quoi ? vous croyez ?...

ORGON

Allons, point de bruit, je vous prie.
370 Dénichons[3] de céans, et sans cérémonie.

TARTUFFE

Mon dessein...

Vocabulaire
1. *Appartement* : partie de la maison.
2. *Vous m'en voulez donner* : vous voulez me tromper.
3. *Dénichons* : sortez d'ici (quittez le nid, expression familière).

Acte IV, scène 8

ORGON

Ces discours ne sont plus de saison :
Il faut, tout sur-le-champ, sortir de la maison.

TARTUFFE

C'est à vous d'en sortir, vous qui parlez en maître :
La maison m'appartient, je le ferai connaître,
375 Et vous montrerai bien qu'en vain on a recours,
Pour me chercher querelle, à ces lâches détours,
Qu'on n'est pas où l'on pense en me faisant injure,
Que j'ai de quoi confondre et punir l'imposture,
Venger le Ciel qu'on blesse, et faire repentir
380 Ceux qui parlent ici de me faire sortir.

Scène 8

ELMIRE, ORGON

ELMIRE

Quel est donc ce langage ? et qu'est-ce qu'il veut dire ?

ORGON

Ma foi, je suis confus, et n'ai pas lieu de rire.

ELMIRE

Comment ?

ORGON

Je vois ma faute aux choses qu'il me dit,
Et la donation m'embarrasse l'esprit.

ELMIRE

La donation...

ORGON

Oui. C'est une affaire faite
385 Mais j'ai quelque autre chose encor qui m'inquiète.

Le Tartuffe

ELMIRE

Et quoi ?

ORGON

Vous saurez tout. Mais voyons au plus tôt
Si certaine cassette est encore là-haut.

Acte V, scène 1

Acte V

Scène 1

ORGON, CLÉANTE

CLÉANTE

Où voulez-vous courir ?

ORGON

Las ! que sais-je ?

CLÉANTE

Il me semble
Que l'on doit commencer par consulter[1] ensemble
Les choses qu'on peut faire en cet événement.

ORGON

Cette cassette-là me trouble entièrement ;
5   Plus que le reste encor elle me désespère.

CLÉANTE

Cette cassette est donc un important mystère ?

ORGON

C'est un dépôt qu'Argas, cet ami que je plains,
Lui-même, en grand secret, m'a mis entre les mains :
Pour cela, dans sa fuite, il me voulut élire ;
10   Et ce sont des papiers, à ce qu'il m'a pu dire,
Où sa vie et ses biens se trouvent attachés.

CLÉANTE

Pourquoi donc les avoir en d'autres mains lâchés ?

Vocabulaire
1. *Consulter* : examiner.

Le Tartuffe

ORGON

Ce fut par un motif de cas de conscience :
J'allai droit à mon traître en faire confidence ;
15 Et son raisonnement me vint persuader
De lui donner plutôt la cassette à garder,
Afin que, pour nier, en cas de quelque enquête,
J'eusse d'un faux-fuyant la faveur toute prête,
Par où ma conscience eût pleine sûreté
20 À faire des serments contre la vérité.

CLÉANTE

Vous voilà mal, au moins, si j'en crois l'apparence ;
Et la donation, et cette confidence,
Sont, à vous en parler selon mon sentiment,
Des démarches par vous faites légèrement.
25 On peut vous mener loin avec de pareils gages[1] ;
Et cet homme sur vous ayant ces avantages,
Le pousser[2] est encor grande imprudence à vous,
Et vous deviez[3] chercher quelque biais plus doux.

ORGON

Quoi ? sous un beau semblant de ferveur si touchante
30 Cacher un cœur si double, une âme si méchante !
Et moi qui l'ai reçu gueusant[4] et n'ayant rien...
C'en est fait, je renonce à tous les gens de bien[5] ;
J'en aurai désormais une horreur effroyable,
Et m'en vais devenir, pour eux, pire qu'un diable.

CLÉANTE

35 Hé bien ! ne voilà pas de vos emportements !

Vocabulaire

1. *Gages* : engagements.
2. *Pousser* : attaquer vivement (pour le pousser à bout).
3. *Deviez* : auriez dû.

4. *Gueusant* : mendiant.
5. *Gens de bien* : hommes vertueux, dévots sincères.

Acte V, scène 2

Vous ne gardez en rien les doux tempéraments[1] ;
Dans la droite raison jamais n'entre la vôtre,
Et toujours d'un excès vous vous jetez dans l'autre.
Vous voyez votre erreur, et vous avez connu
40 Que par un zèle feint vous étiez prévenu ;
Mais pour vous corriger, quelle raison demande
Que vous alliez passer dans une erreur plus grande,
Et qu'avecque le cœur d'un perfide vaurien
Vous confondiez les cœurs de tous les gens de bien ?
45 Quoi ? parce qu'un fripon vous dupe avec audace
Sous le pompeux éclat d'une austère grimace,
Vous voulez que partout on soit fait comme lui,
Et qu'aucun vrai dévot ne se trouve aujourd'hui ?
Laissez aux libertins[2] ces sottes conséquences[3] ;
50 Démêlez la vertu d'avec ses apparences,
Ne hasardez[4] jamais votre estime trop tôt,
Et soyez pour cela dans le milieu qu'il faut :
Gardez-vous, s'il se peut, d'honorer l'imposture,
Mais au vrai zèle aussi n'allez pas faire injure ;
55 Et s'il vous faut tomber dans une extrémité,
Péchez plutôt encor de cet autre côté.

Scène 2

Damis, Orgon, Cléante

Damis

Quoi ? mon père, est-il vrai qu'un coquin vous menace ?

Vocabulaire

1. *Doux tempéraments* : juste équilibre, bonne mesure.
2. *Libertins* : ceux qui négligent leurs devoirs religieux, libres penseurs.

3. *Conséquences* : conclusions.
4. *Hasardez* : donnez (en la risquant).

Le Tartuffe

Qu'il n'est point de bienfait qu'en son âme il n'efface,
Et que son lâche orgueil, trop digne de courroux,
60 Se fait de vos bontés des armes contre vous ?

ORGON

Oui, mon fils, et j'en sens des douleurs non pareilles.

DAMIS

Laissez-moi, je lui veux couper les deux oreilles :
Contre son insolence on ne doit point gauchir[1],
C'est à moi, tout d'un coup de vous, en affranchir,
65 Et pour sortir d'affaire, il faut que je l'assomme.

CLÉANTE

Voilà tout justement parler en vrai jeune homme.
Modérez, s'il vous plaît, ces transports éclatants :
Nous vivons sous un règne et sommes dans un temps
Où par la violence on fait mal ses affaires.

Scène 3

MADAME PERNELLE, MARIANE, ELMIRE,
DORINE, DAMIS, ORGON, CLÉANTE

MADAME PERNELLE

70 Qu'est-ce ? J'apprends ici de terribles mystères[2].

ORGON

Ce sont des nouveautés[3] dont mes yeux sont témoins,
Et vous voyez le prix dont sont payés mes soins.
Je recueille avec zèle un homme en sa misère,

Vocabulaire
1. *Gauchir* : se détourner, faiblir.
2. *Mystères* : événements extraordinaires dépassant l'entendement.

3. *Nouveautés* : troubles, bouleverse-
ments.

Acte V, scène 3

Je le loge, et le tiens comme mon propre frère ;
75 De bienfaits chaque jour il est par moi chargé ;
Je lui donne ma fille et tout le bien que j'ai ;
Et, dans le même temps, le perfide, l'infâme,
Tente le noir dessein de suborner[1] ma femme,
Et, non content encor de ces lâches essais,
80 Il m'ose menacer de mes propres bienfaits,
Et veut, à ma ruine, user des avantages
Dont le viennent d'armer mes bontés trop peu sages,
Me chasser de mes biens, où je l'ai transféré[2],
Et me réduire au point d'où je l'ai retiré.

DORINE

85 Le pauvre homme !

MADAME PERNELLE
                Mon fils, je ne puis du tout croire
Qu'il ait voulu commettre une action si noire.

ORGON

Comment ?

MADAME PERNELLE
            Les gens de bien sont enviés toujours.

ORGON

Que voulez-vous donc dire avec votre discours,
Ma mère ?

MADAME PERNELLE
            Que chez vous on vit d'étrange sorte,
90 Et qu'on ne sait que trop la haine qu'on lui porte.

Vocabulaire
1. *Suborner* : séduire.   **2.** *Où je l'ai transféré* : dont je lui ai
                                      fait profiter.

Le Tartuffe

ORGON

Qu'a cette haine à faire avec ce qu'on vous dit ?

MADAME PERNELLE

Je vous l'ai dit cent fois quand vous étiez petit :
La vertu dans le monde est toujours poursuivie ;
Les envieux mourront, mais non jamais l'envie.

ORGON

95 Mais que fait ce discours aux choses d'aujourd'hui ?

MADAME PERNELLE

On vous aura forgé cent sots contes de lui.

ORGON

Je vous ai dit déjà que j'ai vu tout moi-même.

MADAME PERNELLE

Des esprits médisants la malice est extrême.

ORGON

Vous me feriez damner, ma mère. Je vous dis
100 Que j'ai vu de mes yeux un crime si hardi.

MADAME PERNELLE

Les langues ont toujours du venin à répandre,
Et rien n'est ici-bas qui s'en puisse défendre.

ORGON

C'est tenir un propos de sens bien dépourvu.
Je l'ai vu, dis-je, vu, de mes propres yeux vu,
105 Ce qu'on appelle vu : faut-il vous le rebattre
Aux oreilles cent fois, et crier comme quatre ?

MADAME PERNELLE

Mon Dieu, le plus souvent l'apparence déçoit :
Il ne faut pas toujours juger sur ce qu'on voit.

Acte V, scène 3

ORGON

J'enrage.

MADAME PERNELLE

Aux faux soupçons la nature est sujette,
110 Et c'est souvent à mal que le bien s'interprète[1].

ORGON

Je dois interpréter à charitable soin
Le désir d'embrasser ma femme ?

MADAME PERNELLE

Il est besoin,
Pour accuser les gens, d'avoir de justes causes ;
Et vous deviez attendre à vous voir sûr des choses.

ORGON

115 Hé, diantre ! le moyen de m'en assurer mieux ?
Je devais donc, ma mère, attendre qu'à mes yeux
Il eût... Vous me feriez dire quelque sottise.

MADAME PERNELLE

Enfin d'un trop pur zèle on voit son âme éprise ;
Et je ne puis du tout me mettre dans l'esprit
120 Qu'il ait voulu tenter les choses que l'on dit.

ORGON

Allez, je ne sais pas, si vous n'étiez ma mère,
Ce que je vous dirais, tant je suis en colère.

DORINE

Juste retour, Monsieur, des choses d'ici-bas :
Vous ne vouliez point croire, et l'on ne vous croit pas.

Vocabulaire
1. *Et c'est souvent à mal que le bien s'interprète* : on interprète souvent mal le bien.

Le Tartuffe

CLÉANTE

125 Nous perdons des moments en bagatelles pures,
Qu'il faudrait employer à prendre des mesures.
Aux menaces du fourbe on doit ne dormir point[1].

DAMIS

Quoi ? son effronterie irait jusqu'à ce point ?

ELMIRE

Pour moi, je ne crois pas cette instance[2] possible,
130 Et son ingratitude est ici trop visible.

CLÉANTE

Ne vous y fiez pas : il aura des ressorts[3]
Pour donner contre vous raison à ses efforts ;
Et sur moins que cela, le poids d'une cabale[4]
Embarrasse les gens dans un fâcheux dédale[5].
135 Je vous le dis encore : armé de ce qu'il a,
Vous ne deviez jamais le pousser jusque-là.

ORGON

Il est vrai ; mais qu'y faire ? À[6] l'orgueil de ce traître,
De mes ressentiments je n'ai pas été maître.

CLÉANTE

Je voudrais, de bon cœur, qu'on pût entre vous deux
140 De quelque ombre de paix raccommoder les nœuds.

ELMIRE

Si j'avais su qu'en main il a de telles armes,
Je n'aurais pas donné matière à tant d'alarmes,
Et mes...

Vocabulaire

1. *Aux menaces du fourbe on doit ne dormir point* : on ne doit pas s'endormir face aux menaces d'un fourbe.
2. *Instance* : procédure juridique.
3. *Ressorts* : moyens secrets efficaces.

4. *Cabale* : intrigue, mauvaise action secrètement menée.
5. *Dédale* : situation confuse, inextricable.
6. *À* : face à.

Acte V, scène 4

ORGON

Que veut cet homme ? Allez tôt[1] le savoir.
Je suis bien en état que l'on me vienne voir !

Scène 4

MONSIEUR LOYAL, MADAME PERNELLE, ORGON,
DAMIS, MARIANE, DORINE, ELMIRE, CLÉANTE

MONSIEUR LOYAL

145 Bonjour, ma chère sœur[2] ; faites, je vous supplie,
Que je parle à Monsieur.

DORINE

Il est en compagnie,
Et je doute qu'il puisse à présent voir quelqu'un.

MONSIEUR LOYAL

Je ne suis pas pour être en ces lieux importun[3].
Mon abord n'aura rien, je crois, qui lui déplaise ;
150 Et je viens pour un fait dont il sera bien aise.

DORINE

Votre nom ?

MONSIEUR LOYAL

Dites-lui seulement que je viens
De la part de Monsieur Tartuffe, pour son bien.

DORINE

C'est un homme qui vient, avec douce manière,
De la part de Monsieur Tartuffe, pour affaire,

Vocabulaire
1. *Tôt* : promptement.
2. *Ma chère sœur* : formule de politesse entre dévots ou religieux.
3. *Importun* : gênant.

Le Tartuffe

155 Dont vous serez, dit-il, bien aise.

CLÉANTE

Il vous faut voir
Ce que c'est que cet homme, et ce qu'il peut vouloir.

ORGON

Pour nous raccommoder il vient ici peut-être :
Quels sentiments aurai-je à lui faire paraître ?

CLÉANTE

Votre ressentiment ne doit point éclater ;
160 Et s'il parle d'accord, il le faut écouter.

MONSIEUR LOYAL

Salut, Monsieur. Le Ciel perde qui vous veut nuire,
Et vous soit favorable autant que je désire !

ORGON

Ce doux début s'accorde avec mon jugement,
Et présage déjà quelque accommodement.

MONSIEUR LOYAL

165 Toute votre maison[1] m'a toujours été chère,
Et j'étais serviteur de Monsieur votre père.

ORGON

Monsieur, j'ai grande honte et demande pardon
D'être sans vous connaître ou savoir votre nom.

MONSIEUR LOYAL

Je m'appelle Loyal, natif de Normandie,
170 Et suis huissier à verge[2], en dépit de l'envie[3].

Vocabulaire
1. *Maison* : famille.
2. *À verge* : ayant les compétences et les pouvoirs requis (la verge était une baguette avec laquelle l'huissier touchait les personnes à qui il venait signifier une décision de justice).
3. *En dépit de l'envie* : même si je n'en ai pas envie.

Acte V, scène 4

J'ai depuis quarante ans, grâce au Ciel, le bonheur
D'en exercer la charge avec beaucoup d'honneur ;
Et je vous viens, Monsieur, avec votre licence[1],
Signifier l'exploit[2] de certaine ordonnance...

ORGON

175 Quoi ? vous êtes ici... ?

MONSIEUR LOYAL

Monsieur, sans passion[3] :
Ce n'est rien seulement qu'une sommation,
Un ordre de vuider d'ici, vous et les vôtres,
Mettre vos meubles hors, et faire place à d'autres,
Sans délai ni remise, ainsi que besoin est...

ORGON

180 Moi, sortir de céans ?

MONSIEUR LOYAL

Oui, Monsieur, s'il vous plaît.
La maison à présent, comme savez de reste,
Au bon Monsieur Tartuffe appartient sans conteste.
De vos biens désormais il est maître et seigneur,
En vertu d'un contrat duquel je suis porteur :
185 Il est en bonne forme, et l'on n'y peut rien dire.

DAMIS

Certes cette impudence est grande, et je l'admire.

MONSIEUR LOYAL

Monsieur, je ne dois point avoir affaire à vous ;
C'est à Monsieur : il est et raisonnable et doux,

Vocabulaire
1. *Licence* : permission.
2. *Signifier l'exploit* : annoncer l'acte
de saisie.
3. *Sans passion* : sans s'emballer.

Le Tartuffe

Et d'un homme de bien il sait trop bien l'office,
190 Pour se vouloir du tout opposer à justice.

ORGON

Mais…

MONSIEUR LOYAL

Oui, Monsieur, je sais que pour un million
Vous ne voudriez pas faire rébellion,
Et que vous souffrirez, en honnête personne,
Que j'exécute ici les ordres qu'on me donne.

DAMIS

195 Vous pourriez bien ici sur votre noir jupon[1],
Monsieur l'huissier à verge, attirer le bâton.

MONSIEUR LOYAL

Faites que votre fils se taise ou se retire,
Monsieur. J'aurais regret d'être obligé d'écrire,
Et de vous voir couché dans mon procès-verbal.

DORINE

200 Ce Monsieur Loyal porte un air bien déloyal !

MONSIEUR LOYAL

Pour tous les gens de bien j'ai de grandes tendresses,
Et ne me suis voulu, Monsieur, charger des pièces[2]
Que pour vous obliger et vous faire plaisir,
Que pour ôter par là le moyen d'en choisir
205 Qui, n'ayant pas pour vous le zèle qui me pousse,
Auraient pu procéder d'une façon moins douce.

ORGON

Et que peut-on de pis que d'ordonner aux gens

Vocabulaire
1. *Jupon* : large veste à longs pans ouverts.
2. *Des pièces* : sous-entendu de l'affaire.

Acte V, scène 4

De sortir de chez eux ?

MONSIEUR LOYAL

On vous donne du temps,
Et jusques à demain je ferai surséance[1]
210 À l'exécution, Monsieur, de l'ordonnance[2].
Je viendrai seulement passer ici la nuit,
Avec dix de mes gens, sans scandale et sans bruit.
Pour la forme, il faudra, s'il vous plaît, qu'on m'apporte,
Avant que se coucher, les clefs de votre porte,
215 J'aurai soin de ne pas troubler votre repos,
Et de ne rien souffrir qui ne soit à propos.
Mais demain, du matin, il vous faut être habile[3]
À vuider de céans jusqu'au moindre ustensile :
Mes gens vous aideront, et je les ai pris forts,
220 Pour vous faire service à tout mettre dehors.
On n'en peut pas user mieux que je fais, je pense ;
Et comme je vous traite avec grande indulgence,
Je vous conjure aussi, Monsieur, d'en user bien,
Et qu'au dû de ma charge[4] on ne me trouble en rien.

ORGON

225 Du meilleur de mon cœur je donnerais sur l'heure
Les cent plus beaux louis[5] de ce qui me demeure,
Et pouvoir, à plaisir, sur ce mufle assener
Le plus grand coup de poing qui se puisse donner.

CLÉANTE

Laissez, ne gâtons rien.

Vocabulaire

1. *Ferai surséance* : laisserai un délai.
2. *Ordonnance* : décision du tribunal.
3. *Habile* : prompt, prêt.
4. *Au dû de ma charge* : à me laisser faire mon travail.
5. *Louis* : pièces valant dix livres (très grosse somme à l'époque).

Le Tartuffe

DAMIS

À cette audace étrange
230 J'ai peine à me tenir, et la main me démange.

DORINE

Avec un si bon dos, ma foi, Monsieur Loyal,
Quelques coups de bâton ne vous siéraient pas mal.

MONSIEUR LOYAL

On pourrait bien punir ces paroles infâmes,
Mamie, et l'on décrète[1] aussi contre les femmes.

CLÉANTE

235 Finissons tout cela, Monsieur : c'en est assez ;
Donnez tôt ce papier, de grâce, et nous laissez.

MONSIEUR LOYAL

Jusqu'au revoir. Le Ciel vous tienne tous en joie !

ORGON

Puisse-t-il te confondre[2], et celui qui t'envoie !

Scène 5

ORGON, CLÉANTE, MARIANE, ELMIRE,
MADAME PERNELLE, DORINE, DAMIS

ORGON

Hé bien, vous le voyez, ma mère, si j'ai droit,
240 Et vous pouvez juger du reste par l'exploit :
Ses trahisons enfin vous sont-elles connues ?

MADAME PERNELLE

Je suis toute ébaubie[3], et je tombe des nues !

Vocabulaire
1. *Décrète* : établit des décrets.
2. *Confondre* : abattre, faire disparaître.
3. *Ébaubie* : stupéfaite.

Acte V, scène 6

DORINE

Vous vous plaignez à tort, à tort vous le blâmez,
Et ses pieux desseins par là sont confirmés :
245 Dans l'amour du prochain, sa vertu se consomme[1] :
Il sait que très souvent les biens corrompent l'homme,
Et par charité pure, il veut vous enlever
Tout ce qui vous peut faire obstacle à vous sauver.

ORGON

Taisez-vous : c'est le mot qu'il vous faut toujours dire.

CLÉANTE

250 Allons voir quel conseil[2] on doit vous faire élire.

ELMIRE

Allez faire éclater[3] l'audace de l'ingrat.
Ce procédé détruit la vertu du contrat ;
Et sa déloyauté va paraître trop noire,
Pour souffrir qu'il en ait le succès qu'on veut croire.

Scène 6

VALÈRE, ORGON, CLÉANTE, ELMIRE, MARIANE, etc.

VALÈRE

255 Avec regret, Monsieur, je viens vous affliger ;
Mais je m'y vois contraint par le pressant danger.
Un ami, qui m'est joint d'une amitié fort tendre,
Et qui sait l'intérêt qu'en vous j'ai lieu de prendre,
A violé pour moi, par un pas délicat[4],
260 Le secret que l'on doit aux affaires d'État,

Vocabulaire

1. *Se consomme* : se manifeste au plus haut point.
2. *Conseil* : décision.

3. *Faire éclater* : faire connaître au grand jour (raconter).
4. *Pas délicat* : démarche complexe.

Le Tartuffe

Et me vient d'envoyer un avis dont la suite
Vous réduit au parti d'une soudaine fuite.
Le fourbe qui longtemps a pu vous imposer[1]
Depuis une heure au Prince a su vous accuser,
265 Et remettre en ses mains, dans les traits qu'il vous jette[2],
D'un criminel d'État l'importante cassette,
Dont, au mépris, dit-il, du devoir d'un sujet,
Vous avez conservé le coupable secret.
J'ignore le détail du crime qu'on vous donne ;
270 Mais un ordre est donné contre votre personne ;
Et lui-même est chargé, pour mieux l'exécuter,
D'accompagner celui qui vous doit arrêter.

CLÉANTE

Voilà ses droits armés[3] ; et c'est par où le traître
De vos biens qu'il prétend cherche à se rendre maître.

ORGON

275 L'homme est, je vous l'avoue, un méchant animal !

VALÈRE

Le moindre amusement vous peut être fatal.
J'ai, pour vous emmener, mon carrosse à la porte,
Avec mille louis qu'ici je vous apporte.
Ne perdons point de temps : le trait est foudroyant,
280 Et ce sont de ces coups que l'on pare en fuyant.
À vous mettre en lieu sûr je m'offre pour conduite,
Et veux accompagner, jusqu'au bout, votre fuite.

ORGON

Las ! que ne dois-je point à vos soins obligeants !

Vocabulaire
1. *Imposer* : tromper, en vous men-
tant, en étant hypocrite.
2. *Traits qu'il vous jette* : coups bas
qu'il vous assène.

3. *Voilà ses droits armés* : voici maintenant qu'il a le droit pour lui (et donc
des armes contre Orgon).

Acte V, scène 7

Pour vous en rendre grâce il faut un autre temps ;
285 Et je demande au Ciel de m'être assez propice,
Pour reconnaître un jour ce généreux service.
Adieu : prenez le soin, vous autres...

CLÉANTE

Allez tôt.
Nous songerons, mon frère, à faire ce qu'il faut.

Scène 7

L'EXEMPT, TARTUFFE, VALÈRE,
ORGON, ELMIRE, MARIANE, etc.

TARTUFFE

Tout beau, Monsieur, tout beau, ne courez point si vite :
290 Vous n'irez pas fort loin pour trouver votre gîte,
Et de la part du Prince on vous fait prisonnier.

ORGON

Traître, tu me gardais ce trait pour le dernier ;
C'est le coup, scélérat, par où tu m'expédies,
Et voilà couronner toutes tes perfidies.

TARTUFFE

295 Vos injures n'ont rien à me pouvoir[1] aigrir,
Et je suis pour le Ciel appris[2] à tout souffrir.

CLÉANTE

La modération est grande, je l'avoue.

DAMIS

Comme du Ciel l'infâme impudemment se joue !

Vocabulaire
1. *N'ont rien à me pouvoir* : n'ont pas le pouvoir, n'arriveront pas à.

2. *Je suis appris* : j'ai appris.

Le Tartuffe

TARTUFFE

Tous vos emportements ne sauraient m'émouvoir,
300 Et je ne songe à rien qu'à faire mon devoir.

MARIANE

Vous avez de ceci grande gloire à prétendre,
Et cet emploi pour vous est fort honnête à prendre.

TARTUFFE

Un emploi ne saurait être que glorieux,
Quand il part du pouvoir[1] qui m'envoie en ces lieux.

ORGON

305 Mais t'es-tu souvenu que ma main charitable,
Ingrat, t'a retiré d'un état misérable ?

TARTUFFE

Oui, je sais quels secours j'en ai pu recevoir ;
Mais l'intérêt du Prince est mon premier devoir ;
De ce devoir sacré la juste violence
310 Étouffe dans mon cœur toute reconnaissance,
Et je sacrifierais à de si puissants nœuds
Ami, femme, parents, et moi-même avec eux.

ELMIRE

L'imposteur !

DORINE

Comme il sait, de traîtresse manière,
Se faire un beau manteau de tout ce qu'on révère !

CLÉANTE

315 Mais s'il est si parfait que vous le déclarez,
Ce zèle qui vous pousse et dont vous vous parez,

Vocabulaire
1. *Pouvoir* : celui du roi.

Acte V, scène 7

D'où vient que pour paraître il s'avise d'attendre
Qu'à poursuivre sa femme il ait su vous surprendre,
Et que vous ne songez à l'aller dénoncer
320 Que lorsque son honneur l'oblige à vous chasser ?
Je ne vous parle point, pour devoir en distraire[1],
Du don de tout son bien qu'il venait de vous faire ;
Mais le voulant traiter en coupable aujourd'hui,
Pourquoi consentiez-vous à rien prendre de lui ?

TARTUFFE, *à l'Exempt.*

325 Délivrez-moi, Monsieur, de la criaillerie,
Et daignez accomplir votre ordre, je vous prie.

L'EXEMPT

Oui, c'est trop demeurer sans doute à l'accomplir :
Votre bouche à propos m'invite à le remplir ;
Et pour l'exécuter, suivez-moi tout à l'heure
330 Dans la prison qu'on doit vous donner pour demeure.

TARTUFFE

Qui ? moi, Monsieur ?

L'EXEMPT

Oui, vous.

TARTUFFE

Pourquoi donc la prison ?

L'EXEMPT

Ce n'est pas vous à qui j'en veux rendre raison.

(À Orgon.)

Remettez-vous, Monsieur, d'une alarme si chaude,
Nous vivons sous un Prince ennemi de la fraude,

Vocabulaire
1. *Pour devoir en distraire* : pour vous dissuader, vous détourner de votre objectif.

Le Tartuffe

335　Un Prince dont les yeux se font jour dans les cœurs,
　　　Et que ne peut tromper tout l'art des imposteurs.
　　　D'un fin discernement sa grande âme pourvue
　　　Sur les choses toujours jette une droite vue ;
　　　Chez elle jamais rien ne surprend trop d'accès[1],
340　Et sa ferme raison ne tombe en nul excès.
　　　Il donne aux gens de bien une gloire immortelle ;
　　　Mais sans aveuglement il fait briller ce zèle,
　　　Et l'amour pour les vrais ne ferme point son cœur
　　　À tout ce que les faux doivent donner d'horreur.
345　Celui-ci n'était pas pour le pouvoir surprendre,
　　　Et de pièges plus fins on le voit se défendre.
　　　D'abord il a percé, par ses vives clartés,
　　　Des replis de son cœur toutes les lâchetés.
　　　Venant vous accuser, il s'est trahi lui-même,
350　Et par un juste trait de l'équité suprême[2],
　　　S'est découvert au Prince un fourbe renommé,
　　　Dont sous un autre nom il était informé ;
　　　Et c'est un long détail d'actions toutes noires
　　　Dont on pourrait former des volumes d'histoires.
355　Ce monarque, en un mot, a vers vous détesté
　　　Sa lâche ingratitude et sa déloyauté ;
　　　À ses autres horreurs il a joint cette suite,
　　　Et ne m'a jusqu'ici soumis à sa conduite[3]
　　　Que pour voir l'impudence aller jusques au bout,
360　Et vous faire par lui faire raison[4] de tout.
　　　Oui, de tous vos papiers, dont il se dit le maître,
　　　Il veut qu'entre vos mains, je dépouille le traître.

Vocabulaire

1. *Chez elle jamais rien ne surprend trop d'accès* : elle ne peut en rien être trompée, illusionnée.
2. *Équité suprême* : justice divine.

3. *Soumis à sa conduite* : ordonné d'obéir à ses ordres.
4. *Raison* : réparation, restitution.

Acte V, scène 7

D'un souverain pouvoir, il brise les liens
Du contrat qui lui fait un don de tous vos biens,
365 Et vous pardonne enfin cette offense secrète
Où vous a d'un ami fait tomber la retraite[1] ;
Et c'est le prix qu'il donne au zèle qu'autrefois
On vous vit témoigner en appuyant ses droits[2],
Pour montrer que son cœur sait, quand moins on y pense,
370 D'une bonne action verser la récompense,
Que jamais le mérite avec lui ne perd rien,
Et que mieux que du mal, il se souvient du bien.

DORINE

Que le Ciel soit loué !

MADAME PERNELLE
Maintenant je respire.

ELMIRE

Favorable succès !

MARIANE
Qui l'aurait osé dire ?

ORGON, *à Tartuffe.*

375 Hé bien ! te voilà, traître...

CLÉANTE
Ah ! mon frère, arrêtez,
Et ne descendez point à des indignités[3] ;
À son mauvais destin laissez un misérable,
Et ne vous joignez point au remords qui l'accable :
Souhaitez bien plutôt que son cœur en ce jour

Vocabulaire

1. *Où vous a d'un ami fait tomber la retraite* : que vous a fait faire l'exil d'un ami.
2. *En appuyant ses droits* : en vous rangeant à ses côtés (au moment de la Fronde).
3. *Indignités* : mauvais traitements, outrages.

Le Tartuffe

380 Au sein de la vertu fasse un heureux retour,
Qu'il corrige sa vie en détestant son vice
Et puisse du grand Prince adoucir la justice,
Tandis qu'à sa bonté vous irez à genoux
Rendre ce que demande un traitement si doux.

ORGON

385 Oui, c'est bien dit : allons à ses pieds avec joie
Nous louer des bontés que son cœur nous déploie.
Puis, acquittés un peu de ce premier devoir,
Aux justes soins d'un autre il nous faudra pourvoir,
Et par un doux hymen couronner en Valère
390 La flamme d'un amant généreux et sincère.

Séance 1

Religion et dévotion

LECTURE

Lecture du texte (œuvre intégrale)

Les conflits d'opinion

1. La famille d'Orgon est divisée. À quel sujet ? Quels sont les deux clans ? Pour quelles causes chacun va-t-il se mobiliser ? Comment le spectateur est-il amené à choisir son camp dès le début ?

2. Acte I, sc. 1 : que reproche Madame Pernelle aux membres de la famille ? En quoi les différents défauts qu'elle leur attribue peuvent-ils faire offense à la religion ?

3. Acte I, sc. 1 : pour quelle raison, selon Dorine, une femme est-elle « prude » (v. 124) le plus souvent ? Quel comportement adopte cette dernière ?

Les morales mises en jeu

4. Quels sont les deux courants de pensée et les différentes formes de la morale qui s'affrontent dans la pièce ?

5. Acte III, sc. 3 : quel sens Tartuffe donne-t-il au mot « dévotion » (v. 164) ?

6. Faites une recherche sur ce que l'on désigne comme étant « les péchés capitaux ». Quels sont ceux que l'on peut attribuer à Tartuffe ?

Le Tartuffe

7. Quelle est la fonction de Tartuffe auprès d'Orgon ? Quel ascendant a-t-il pris sur lui ? Dans quelles scènes ce pouvoir est-il particulièrement révélé ?

8. Acte I, sc. 5 : quel enseignement de Tartuffe Orgon a-t-il retenu ? Comment le met-il en pratique ?

9. À quels moments Tartuffe apparaît-il particulièrement menaçant ? À quels moments est-il ridicule ou pitoyable ? À quels moments le jugez-vous particulièrement ignoble ?

ÉTUDE DE L'ŒUVRE

Séance 1 **Religion et dévotion**

10. Tartuffe est-il un incroyant ? Pourquoi la liste des personnages (p. 10) le présente-t-il comme un « faux dévot » ?

Question de synthèse

11. À quel aspect de la religion Molière s'attaque-t-il ?

Lecture d'image

12. Repérez et nommez les éléments vestimentaires et les objets qui permettent d'associer cet homme au clergé.

13. Faites une recherche sur le cardinal de Retz. Quels furent ses rapports avec Louis XIV ? Quelle fut son action dans le parti des dévots ?

Portrait de Jean-François Paul de Gondi, futur cardinal de Retz, Pierre Mignard, XVIIe siècle.

Étude de la langue (acte I, scène 1)

Grammaire

14. Quelles sont les différentes formes de présentatifs employés par Madame Pernelle ? Quel usage en fait-elle ?

15. V. 1-44 : relevez et classez les termes et les constructions syntaxiques qui marquent l'opposition.

Lexique

16. Relevez et classez les termes qui sont révélateurs de la colère de Madame Pernelle dans l'ensemble de la scène. Pourquoi peut-elle s'autoriser à parler de la sorte ?

Séance 1 **Religion et dévotion**

CONTEXTUALISATION
La religion au temps de Molière : le catholicisme

Au temps de Molière, le catholicisme est considéré comme l'unique « vraie » religion. Les catholiques puisent leur foi dans La Bible, où il est dit que l'homme est marqué par le « péché originel », venu d'Adam et transmis de génération en génération. Il doit aussi se préserver du « péché actuel », qui peut être mortel. Seul Dieu, relayé par l'Église, peut pardonner ces péchés mais l'homme doit mériter cette absolution et faire pour cela **acte de pénitence**, ainsi que des **œuvres méritoires** (ou « bonnes œuvres ») et demander l'**intercession des saints**. Il doit également observer des moments d'**abstinence**, qui sont prescrits par l'Église, et se rendre à la **messe** le dimanche et les jours fériés (l'Ascension, la Toussaint). Durant ce moment, les croyants se consacrent à l'adoration de Dieu, écoutent la prédication (le « sermon ») et reçoivent l'**eucharistie** (la « communion ») qui, avec le **baptême**, est le sacrement le plus important – les autres étant la **confirmation** de la foi, la **réconciliation** (la confession), le **mariage**, l'**ordre** (reçu par ceux qui se destinent à devenir prêtres) et le **sacrement des malades** (l'« extrême onction » étant donnée au moment de la mort).

17. Relevez les mots et expressions appartenant au champ lexical de la religion catholique.

Étymologie

18. Faites une recherche sur l'étymologie des noms « religion » et « dévotion ».

EXPRESSION

Expression écrite

Écrit d'invention

19. La pièce commence *in medias res*. Rédigez un court récit permettant de préciser ce que Madame Pernelle nomme « *ce ménage-ci* » (acte I, scène 1, vers 7) et qui la met tant en colère.

Dissertation

20. Que représente pour vous la religion ?

Séance 1 **Religion et dévotion**

Commentaire

21. Acte I, sc. 1, v. 1-92 : faites le commentaire de la première scène. Vous montrerez comment elle répond aux critères d'une scène d'exposition classique tout en en soulignant son originalité.

Expression orale

22. Acte 1, sc. 1 : préparez la lecture à haute voix de la scène d'exposition. Pour cela, insérez des didascalies précisant le décor, le ton employé et la gestuelle de tous les comédiens.

PATRIMOINE

23. Quel est la principale fonction des églises ? Par quels autres noms ces édifices peuvent-ils être nommés ?

24. Quelle est la forme d'une église classique ? Faites un plan type et indiquez les principales parties.

Méthode > ***Comment analyser l'exposition***

➔ L'**exposition**, au théâtre, correspond à la situation initiale dans le récit. Rarement circonscrite à la première scène, elle sert essentiellement à informer le spectateur de ce qui lui est essentiel pour comprendre l'intrigue.
➔ Pour l'analyser, il faut donc observer :
– les informations données sur le plan de l'**action déjà engagée** (*in medias res*) ;
– les informations concernant les **personnages** (les forces en présence, celles qui sont mentionnées, les rapports établis, les caractères mis en évidence...) ;
– le ou les **enjeux du conflit** déjà engagé (intérêt, projet) ;
– le contexte **socio-historique** ;
– le **registre** et le **genre** qu'elle définit ;
– ce qu'elle anticipe (action à venir), les **attentes** qu'elle suggère.

ÉTUDE DE L'ŒUVRE

Séance 2

Mensonge, hypocrisie et imposture

LECTURE

Lecture du texte (œuvre intégrale)

Prescience et aveux

1. Quel personnage détient le plus d'informations durant la plus grande partie de la pièce ? Avec qui partage-t-il ce savoir ? Quel en est l'effet ?

2. Quels sont les différents aveux auxquels le spectateur assiste ? Lesquels sont sincères ? Lesquels sont mensongers ? Lesquels sont condamnables ? Lesquels sont louables ?

Mensonge, faux-semblant et imposture

3. En quoi consiste le nœud dramatique ? À partir de quel moment l'action est-elle engagée ?

4. Acte III, sc. 3 : comment Elmire se défend-elle face aux attaques de Tartuffe ? Pourquoi ne réagit-elle pas avec plus d'éclat ?

5. En quoi le comportement général de Tartuffe est-il contradictoire avec ce qu'il dit être ? Pourquoi Orgon est-il abusé ?

L'hypocrisie révélée

6. Acte III, sc. 2 : comment se révèle au public l'hypocrisie de Tartuffe dès sa première apparition sur scène ?

7. Tartuffe est-il le seul personnage de la pièce à être hypocrite ?

8. Acte III, sc. 6 et 7 : relevez les passages où Tartuffe dit la vérité sur lui-même. Pourquoi finalement n'est-il pas cru ?

Question de synthèse

9. Quelle importance Molière accorde-t-il au masque dans l'ensemble de la pièce ?

ÉTUDE DE L'ŒUVRE

129

Séance 2 **Mensonge, hypocrisie et imposture**

Lecture d'image (iconographie de couverture)

10. À votre avis, qui sont ces personnages ? Comment avez-vous pu les identifier ? Observez leurs regards et leurs gestes. Que pouvez-vous en déduire ?

11. Quel élément est mis en valeur ? Par quel moyen ?

Étude de la langue (acte III, scène 3)

Grammaire

12. V. 111-138 : relevez et justifiez l'emploi des pronoms personnels et des déterminants possessifs.

NOTIONS LITTÉRAIRES
Le théâtre classique

→ Au XVIIe siècle, le théâtre connaît un essor considérable et se caractérise d'abord par le souci de l'ordre et de la bienséance, volonté qui s'exprime par la création en 1635 de l'Académie française, chargée de fixer certaines normes d'écriture, et particulièrement dans le domaine théâtral. Les théoriciens s'inspirent alors de *La Poétique*, ouvrage du philosophe grec antique Aristote, écrit vers 335 av. J.-C. et portant sur l'art poétique et les notions de tragédie, d'épopée et d'imitation. Ils établissent des règles plutôt strictes dépendant du principe de la **vraisemblance**, qui implique le respect des **unités de temps, d'action et de lieu**, ainsi que de celui de la **bienséance**, s'opposant donc à toute représentation de scènes choquantes et d'actes de violence.

→ La **tragi-comédie**, la **tragédie** et la **comédie** sont alors les trois genres dramatiques principaux. À la fin du siècle, la tragi-comédie connaît un certain déclin, alors que la tragédie s'impose grâce à Racine (1639-1699) qui, tout en suivant les règles formelles, lui donne son expression la plus achevée en dépeignant magnifiquement les passions humaines. Influencée par la comédie italienne et la farce, la comédie échappe aux règles formelles et reste longtemps un genre mineur, jusqu'à ce que Molière la hisse au même rang de notoriété que la tragédie. Tout en affirmant sa volonté de proposer des spectacles de divertissement, il donne au théâtre et à la comédie en particulier la mission de « corriger les vices des hommes » (préface du *Tartuffe*, 1669).

Séance 2 **Mensonge, hypocrisie et imposture**

CONTEXTUALISATION
Les directeurs de conscience

→ Le modèle du directeur de conscience est saint François de Sales (1567-1622), évêque et docteur de l'église catholique, qui fonda l'ordre religieux de la Visitation et dont l'influence fut très forte sur de nombreux souverains, dont Henri IV et Louis XIII. Dans son ouvrage *Introduction à la vie dévote* (1609), il donne des conseils aux fidèles qui cherchent à progresser dans leur vie spirituelle, les enjoignant vivement de chercher « quelque homme de bien qui vous guide et vous conduise ; c'est ici l'avertissement des avertissements ».

→ La tâche délicate de diriger les âmes n'était cependant pas réservée qu'à des hommes d'Église et incombait également à des laïcs. Ainsi, Blaise Pascal (1623-1662), mathématicien, moraliste et théologien français, fut le directeur de conscience de Mademoiselle de Roannez. La fonction de Tartuffe n'avait donc rien d'exceptionnel.

13. Quelle est la fonction des différentes phrases interrogatives employées par Elmire ?

Lexique

14. Relevez le vocabulaire de la galanterie dans l'ensemble de la scène. En quoi ce langage est-il adapté au temps de Molière ?

15. Relevez les termes appartenant au champ lexical du secret et de la dissimulation.

Étymologie

16. Faites une recherche sur l'origine du mot « hypocrisie ».

EXPRESSION

Expression écrite

Dissertation

17. Que signifient les mots « vérité » et « mensonge » au théâtre ?

Commentaire

18. Acte III, sc. 3 : faites le commentaire de cette scène en montrant comment Tartuffe séducteur ne peut se passer du masque, devenu indissociable de son personnage.

Séance 2 **Mensonge, hypocrisie et imposture**

Écrit d'invention

19. Faites le portrait d'un « tartuffe » et d'un « tartuffié » de notre époque.

Expression orale

20. Lisez à haute voix la tirade de Dom Juan sur l'hypocrisie en cherchant à être convaincant (*Dom Juan*, Molière, 1665, acte V, scène 2).

PATRIMOINE

21. Combien existait-il de salles de théâtre officielles à Paris à l'époque du *Tartuffe* ? Quelles sortes de pièces y étaient représentées ?

22. Où les Parisiens pouvaient-ils également assister à des spectacles ? Précisez leur genre.

Méthode **Comment analyser les fonctions du personnage de théâtre**

Il convient de bien discerner les différentes fonctions du personnage de théâtre.

→ Dans l'intrigue, il participe au **système actantiel** : il est sujet ou objet, adjuvant ou opposant, et peut même endosser plusieurs fonctions.

→ Dans l'action dramatique, il correspond souvent à un **rôle** défini, à un personnage type : l'amoureux, le père, le valet, le confident...

Il se présente aussi comme un **individu**, avec un caractère, un physique, un vécu, un nom, des sentiments, etc., et se caractérise également par un **discours** qui l'inscrit dans un groupe, une classe sociale, une époque...

→ Il ne faut pas oublier que le personnage de théâtre est d'abord un « être de papier » qui prend la voix et les traits du comédien qui le joue. Il a donc une **double nature** : d'abord notion textuelle, il devient « être de chair » quand il participe à la représentation. Il agit dans la narration en tant qu'actant, et sur la scène en tant qu'acteur.

ÉTUDE DE L'ŒUVRE

Séance 3

La comédie
au service des idées

LECTURE

Lecture du texte (œuvre intégrale)

La duperie théâtrale

1. Quels sont les différents coups de théâtre de la pièce ? Quel est celui qui n'est pas attendu ? Comment les autres ont-ils été préparés ? Montrez comment ils permettent de relancer ou de diriger autrement l'action.

2. À quels moments de la pièce Molière met-il en scène des personnages cachés ?

3. Quel est le personnage le plus lucide de la pièce, à votre avis ?

Les registres et les genres

4. Acte I, sc. 4 : quelle forme de comique Molière a-t-il exploitée ?

5. À quels moments la comédie glisse-t-elle vers la farce ?

6. À quels moments de la pièce le registre est-il davantage tragique que comique ? Comment peut-on justifier le choix de cette oscillation voulue par Molière ?

Les incertitudes au service des convictions

7. Acte III, sc. 6, v. 252-285 : pourquoi Orgon ne croit-il pas ce que lui avoue Tartuffe ? Quel effet cette réaction provoque-t-elle sur le spectateur ?

8. Acte IV, sc. 5 : en quoi cette scène est-elle choquante ?

9. Faites le bilan à la fin de chaque acte. Quelles sont les certitudes et les incertitudes des personnages et celles du spectateur ? En quoi ce procédé est-il révélateur de l'action « souterraine » de Tartuffe ?

Question de synthèse

10. Molière a-t-il respecté les règles de la comédie classique ?

Séance 3 **La comédie au service des idées**

Lecture d'image

11. Comment la lecture de cette image est-elle influencée ? Pour vous aider à répondre, observez attentivement l'attitude de chaque personnage.

12. Peut-on désigner facilement sur l'image le personnage de l'« imposteur » indiqué dans l'épigraphe ?

13. Qu'est-ce qui laisse penser que les personnages se trouvent sur une scène de théâtre ?

Étude de la langue
(acte IV, scène 5)

Grammaire

14. À qui le pronom indéfini « on » renvoie-t-il à chaque fois ?

15. V. 227-230, v. 283-287 et v. 300 : comment pouvez-vous justifier l'emploi fréquent par Elmire de phrases exclamatives ?

Frontispice du Tartuffe, *Œuvres complètes* de Molière, Brissart, 1682, gravure de Jean Sauvé.

16. Quelle est la fonction des phrases interrogatives employées par Elmire ? S'agit-il davantage d'interrogations totales ou d'interrogations partielles ? À quels moments fait-elle usage de formules injonctives ?

Lexique

17. Relevez les termes et expressions qui renvoient à l'idée de douceur et ceux qui évoquent la violence et la dureté. Par quel geste, quel ton pourriez-vous en souligner le sens ?

Étymologie

18. V. 340 : faites une recherche sur l'origine de l'expression « mener par le nez ». Cherchez d'autres expressions construites à partir d'une partie du corps humain.

Séance 3 **La comédie au service des idées**

NOTIONS LITTÉRAIRES
Les formes du comique

Pour faire rire son public, Molière utilise différents moyens.

• **Comique de mots** : jeux de mots, accents, déformations, mots inventés, allusions, paronymes (mots de sons très proches) ou termes polysémiques (mots qui prennent des sens différents selon le contexte), tics de langage… On inclut donc dans cette catégorie tout usage amusant que le personnage fait du **langage**.

• **Comique de gestes** : déplacements et mouvements, courses poursuites, imitations, mimiques, grimaces, chutes, coups, gestes ayant une signification précise ou qui sont mal adaptés à la situation… On inclut ici tout usage amusant que l'acteur fait de son **corps**.

• **Comique de caractère** : comportement particulier d'un personnage, du fait de ses défauts, ses traits de caractère, ses aspects ridicules…

• **Comique de situation** : impossibilité du personnage à maîtriser la situation, avec toutes les conséquences amusantes et effets comiques que cela implique.

• **Comique de répétition** : emploi volontairement répété d'un mot, d'une expression ou d'un geste. Le spectateur se sent complice de l'auteur puisqu'il est dans l'attente de cette reprise.

EXPRESSION

Expression écrite

Écrits d'invention

19. Il vous est déjà arrivé de vous trouver dans une situation délicate, dont vous n'avez pu vous sortir que grâce à l'emploi d'un langage à double sens. Racontez sous forme de dialogue.

20. Écrivez une saynète fondée sur le principe du théâtre dans le théâtre, où plusieurs personnages se trouvent volontairement ou non spectateurs d'une situation délicate.

Dissertation

21. Le genre dramatique se prête-t-il au langage codé ?

Expression orale

22. Faites une recherche sur la mode vestimentaire féminine en 1664 et présentez-la sous forme d'exposé.

Séance **3** **La comédie au service des idées**

Proposez des illustrations qui pourraient justifier la réplique de Tartuffe (acte III, sc. 2, v. 38). Dites ensuite cette même réplique sur différents tons, avec différentes intentions.

PATRIMOINE

23. En quoi le métier de libraire consistait-il au XVIIᵉ siècle ?

24. Qu'est-ce que le « privilège » que l'on devait obligatoirement obtenir pour imprimer un livre ?

25. Comment les livres étaient-ils illustrés ?

Méthode ▶ *Comment reconnaître et analyser les différentes sortes de répliques*

➜ L'art dramatique réside surtout dans l'art du **dialogue**. Les **répliques**, écrites par l'auteur et prononcées par les comédiens qui prennent en charge la parole du personnage, doivent donc être considérées avec attention. En effet, elles ont une fonction et donnent un sens au dialogue de théâtre qui va bien au-delà du sens de l'énoncé. D'abord, chaque réplique sert de signal à l'acteur, qui « envoie » la sienne à son partenaire à la suite de celle qu'il attend. Ensuite, elle est une adresse ou une réponse à un personnage. Enfin, l'échange des répliques permet au spectateur de comprendre la suite des actions et de construire l'histoire au fur et à mesure de leur enchaînement.

➜ Pour analyser les répliques, il faut :

– repérer leur(s) **destinataire**(s) ;

– repérer leur **type** :

   • **monologue** (réflexion personnelle du personnage, qu'il révèle au public),

   • **tirade** (longue réplique, dans laquelle le personnage développe son propos),

   • **stichomythie** (dialogue dans lequel se succèdent de très courtes répliques ce qui permet un échange rapide et vif, témoignant de l'état d'esprit des interlocuteurs),

   • **aparté** (prononcé volontairement à l'insu de l'autre, pour soi-même ou pour le public) ;

– repérer leur **agencement** :

   • succession faisant évoluer le dialogue ;

   • opposition ralentissant ou bloquant l'action ;

   • effets d'écho, de symétrie lorsque les personnages sont complémentaires.

ÉTUDE DE L'ŒUVRE

Séance **4**

Portraits contrastés

LECTURE

Lecture du texte (œuvre intégrale)

Le couple Orgon-Tartuffe

1. Acte I, sc. 4 : le personnage d'Orgon et ce qui est dit ici de Tartuffe correspondent-ils aux portraits que l'on avait tracés d'eux dans les scènes précédentes ?

2. Acte III, sc. 6 et 7 : en quoi la réaction de Tartuffe est-elle surprenante ? Que pouvez-vous en déduire de la qualité de ses relations avec Orgon ?

3. Relevez les scènes durant lesquelles l'un des personnages a essayé de faire comprendre à Orgon qu'il était abusé par Tartuffe. Qu'est-ce qui peut expliquer son entêtement et son aveuglement et le fait qu'il refuse d'écouter les arguments qu'on lui donne ?

Tête-à-tête amoureux

4. Associez les personnages qui forment les différents couples de la pièce.

5. Acte II, sc. 4 : quelle est l'utilité dramatique de cette scène ? Quel fait, lié à quel sentiment, est à l'origine de la dispute entre Valère et Mariane (v. 259-327) ?

6. Repérez à quel moment de la pièce Molière a préparé la déclaration amoureuse de Tartuffe à Elmire (acte III, scène 3). Qu'est-ce qui, pourtant, la rend surprenante ?

Une assemblée bigarrée

7. Analysez le titre complet de la pièce. Comment peut-on justifier le déterminant défini (« Le » Tartuffe) ? L'emploi de la conjonction « ou » ? Le choix du nom « imposteur » ?

8. Acte I, sc. 1 et acte V, sc. 3-7 : par quel procédé dramatique Molière montre-t-il la solidarité de la famille, unie dans la difficulté ou le malheur ?

Séance 4 **Portraits contrastés**

Question de synthèse

9. Dénombrez les stratégies des membres de la famille pour lutter contre Tartuffe. Pourquoi chacune des tentatives se solde-t-elle par un échec ? Qui va être le seul à pouvoir contrer Tartuffe et l'éliminer définitivement ?

Lecture d'image

10. Classez les éléments représentés sur le tableau : quels sont ceux qui évoquent la fuite du temps ? Ceux qui symbolisent la fragilité ? Ceux qui mettent en évidence la vanité des biens du monde ?

La Vanité, Simon Renard de Saint-André, env. 1650.

11. Quels sentiments ce tableau vous inspire-t-il ?

> **PATRIMOINE**
>
> **12.** Lisez quelques passages du livre de L'Ecclésiaste (La Bible, Ancien Testament, chapitre 1, versets 2-11, et chapitre 7, versets 1-14). Montrez que ces écrits ont inspiré les peintres des vanités.
>
> **13.** Réunissez quelques reproductions de vanités du XVIIe siècle, comparez-les et commentez-les.

Étude de la langue (acte V, scène 1)

Grammaire

14. V. 35-56 : commentez l'emploi du présent dans la réplique de Cléante.

15. V. 43-44 et 46 : quels procédés stylistiques repérez-vous dans ces vers ? Au service de quelle idée Cléante les utilise-t-il ?

Séance 4 **Portraits contrastés**

NOTIONS LITTÉRAIRES
Les figures de style : atténuation et amplification

– Les figures d'atténuation

• **L'euphémisme** : emploi d'un terme ou d'une expression qui permet d'adoucir une notion dont la formulation directe pourrait être considérée comme brutale, triste ou désagréable.

• La **litote** : procédé qui consiste à dire moins afin de suggérer davantage.

• La **périphrase** : emploi d'un groupe de mots au lieu d'un seul pour désigner une notion.

– Les figures d'amplification

• **L'hyperbole** : exagération favorable ou défavorable qui permet de mettre en relief un aspect de la réalité.

• **L'adynaton** : hyperbole impossible parce que trop excessive, ce qui permet de frapper l'imagination.

• **L'accumulation** : cumul de mots pour rendre l'idée que l'on veut exprimer plus frappante.

• La **gradation** : suite de mots de même nature et syntaxiquement équivalents. S'ils ont un sens de plus en plus fort, il s'agit d'une gradation ascendante. Sinon, il s'agit d'une gradation descendante.

Lexique

16. Faites un relevé du vocabulaire du blâme et de l'indignation.

17. Commentez l'emploi des adverbes dans l'ensemble de la scène.

Étymologie

18. Faites une recherche sur l'étymologie des noms « conscience » (v. 13) et « confidence » (v. 14).

EXPRESSION

Expression écrite

Écrits d'invention

19. Préparez une fiche d'identité pour chacun des personnages. Vous y indiquerez leur nom, leur âge, leur origine sociale,

Séance **4** **Portraits contrastés**

leurs rapports et liens de parenté avec les autres personnages. Vous y noterez également le plus de renseignements possible sur leurs traits de caractère, leurs goûts, leurs idées, leurs passions…

20. Damis et Mariane n'arrivent pas à communiquer avec leur père. Ils vont donc tenter de se faire lire. Rédigez la lettre que chacun pourrait lui écrire pour tenter de le convaincre de son aveuglement et de son injustice.

Dissertation

21. Êtes-vous d'accord avec Madame Pernelle qui affirme (acte V, scène 3, vers 107-108) que « le plus souvent l'apparence déçoit : /Il ne faut pas toujours juger sur ce qu'on voit. » ?

Expression orale

22. Organisez un débat sur Orgon. Quels sont ses défauts, quelles sont ses qualités ? En quoi est-il condamnable, en quoi est-il excusable ?

Méthode ▶ *Comment analyser le registre comique*

Le **registre comique**, très riche, cherche à provoquer le sourire ou le rire. Il convient cependant d'en distinguer les différentes nuances :
– l'**humour** met en évidence un aspect plaisant de la réalité, évoquée ainsi avec légèreté ;
– la **fantaisie verbale** utilise les ressources amusantes du langage (calembours, sonorités…) ;
– la **parodie** imite un genre ou un style en exagérant ses procédés afin de s'en moquer ;
– la **caricature** grossit ou déforme les défauts d'une personne afin de la dénigrer pour que l'on se moque d'elle ;
– le **grotesque** amplifie les caractéristiques avec une exagération telle que l'on accède à une représentation invraisemblable, surprenante, quasi fantastique de la réalité ;
– la **satire** est un énoncé critique et agressif qui cherche à faire rire en même temps qu'à faire réfléchir sur une situation ou un comportement ;
– l'**absurde** amplifie le décalage entre l'événement et l'interprétation que l'on en fait, jusqu'à ce que l'on se trouve hors de la logique et du bon sens ;
– l'**ironie** repose sur l'écart entre ce qui est dit et ce qui doit être compris par le récepteur. Elle cherche à faire réagir ou à dénoncer. Le **persiflage**, le **sarcasme**, la **dérision**, ou encore la **raillerie** appartiennent à l'ironie.

Séance 5

La jeunesse et l'amour

LECTURE

Lecture du texte (œuvre intégrale)

La jeunesse en péril

1. De qui Mariane et Damis sont-ils les victimes ? Pourquoi n'arrivent-ils pas à se défendre tout seuls ? Qui leur vient en aide ?

2. Acte IV, sc. 3 : quelle est la nature des arguments qu'Orgon oppose à Mariane qui le supplie ?

3. De quelle nature l'action de Valère est-elle ? Pourquoi n'est-elle révélée qu'à la fin de la pièce ?

Le triomphe du vrai amour

4. Qui sont les amoureux de cette pièce ? Qualifiez la nature de leur amour.

5. Acte III, sc. 5 et acte IV, sc. 3 : comment Elmire définit-elle la vertu féminine ? À quel moment et pourquoi se met-elle en opposition avec ses affirmations ?

6. Acte IV, sc. 5 : qu'est-ce qui met Elmire en difficulté ?

La sincérité des sentiments

7. Acte IV, sc. 3 : comment Mariane défend-elle son amour ? Est-elle convaincante ou persuasive ?

8. Acte IV, sc. 3 : Orgon refuse de croire et même d'écouter sa femme (v. 129-175). Quel argument d'Elmire va finalement faire mouche ?

9. Acte IV, sc. 5 : pourquoi, à votre avis, Orgon met-il autant de temps à sortir de sous la table ?

Question de synthèse

10. Quelles pratiques sociales et culturelles de son temps Molière met-il en lumière dans l'ensemble de la pièce ? Quelles sont celles qu'il raille particulièrement et pour quelle raison ?

Séance 5 **La jeunesse et l'amour**

Lecture d'image

11. Comment la puissance et la fonction du jeune roi sont-elles révélées ?

12. Quelles qualités du jeune Louis XIV ce portrait montre-t-il ?

Portrait équestre du jeune Louis XIV partant à la chasse, Jean de Saint-Igny, 1647.

PATRIMOINE

13. Où et quand eurent lieu les fêtes des « Plaisirs de l'île enchantée » ? Qui en fut l'organisateur ? Combien de temps durèrent-elles ? Pour quelle occasion Louis XIV les demanda-t-il et comment y participa-t-il ?

14. Quel nouveau genre théâtral Molière y créa-t-il ? Avec quel artiste collabora-t-il ?

Étude de la langue (acte IV, scène 3)

Grammaire

15. Relevez et commentez les marques syntaxiques et énonciatives de l'ironie dans les répliques d'Orgon. Pourquoi Orgon en fait-il particulièrement usage dans cette scène ?

Lexique

16. V. 95-116 : relevez les termes appartenant au champ lexical de la supplication.

Séance 5 **La jeunesse et l'amour**

HISTOIRE DES ARTS
Le théâtre, la musique et la danse, divertissements royaux

Malgré l'opposition des moralistes et des dévots qui en dénoncent surtout les excès, le divertissement en 1660 est devenu une **nécessité absolue**, ordonnée même par le roi qui retient ainsi habilement les nobles à la cour. Le courtisan se doit de participer à toutes ces « récréations » collectives : la **chasse**, la **paume**, la **mascarade**, les **promenades**, les **festins** et les **collations**, les **bals**, mais aussi les **spectacles pyrotechniques et aquatiques**, les **spectacles musicaux et dramatiques**, etc. Louis XIV est le premier commanditaire de toutes les distractions extraordinaires qui vont occuper à temps plein la cour pendant plusieurs décennies, donner un faste inouï à son règne et marquer les esprits pour très longtemps. Il devient le mécène et le protecteur de nombreux artistes, encourageant les beaux-arts de la même façon que les artistes créateurs de spectacles vivants tels les dramaturges (Corneille, Molière, Racine…), les musiciens (Lully, Charpentier…), les chorégraphes ou « maîtres à danser » (Galant du Désert, Renaud, Raynal…), en même temps que les paysagistes (Le Nôtre…), les fontainiers (Francine…), les cuisiniers (Vatel…), les artificiers (Villette…) ou les maîtres d'équitation qui participent à la mise en œuvre de ces représentations. « Les Plaisirs de l'île enchantée » en mai 1664, ou Le Grand Divertissement royal en juillet 1668 furent les plus somptueuses fêtes qui se déroulèrent au château et dans le parc de Versailles, avant l'installation définitive de la cour sur les lieux.

17. Les personnages présents cherchent à « éclairer » Orgon aveuglé par sa passion. Relevez tous les mots et expressions appartenant au champ lexical de la vision et de l'éclaircissement qu'ils emploient tour à tour.

18. V. 166 : donnez des synonymes et des antonymes du nom « imposture ».

Étymologie

19. V. 147 : faites une recherche sur l'étymologie du nom « honneur ».

Séance **5** **La jeunesse et l'amour**

EXPRESSION

Expression écrite

Écrits d'invention

20. Mariane, au désespoir, écrit une lettre à Tartuffe pour le supplier de renoncer au mariage. Rédiger la réponse de Tartuffe.

21. Imaginez et rédigez une scène où s'exprimeront tour à tour Dorine, Elmire et Mariane au sujet du sentiment amoureux. Elles pourront éventuellement se faire assister d'autres héroïnes féminines de Molière.

Dissertation

22. Pensez-vous que l'amour et l'amitié justifient le fait de se sacrifier ?

Expression orale

23. Dans quelles autres comédies de Molière retrouve-t-on le thème de l'amour et de la jeunesse menacés ? Présentez quelques-unes de ces jolies histoires amoureuses.

Méthode **Comment repérer les différentes étapes de l'action dramatique**

→ On appelle « **péripéties** » les différents événements qui permettent de faire avancer ou de modifier l'action. Quand l'une de ces péripéties transforme particulièrement la situation, on parle alors de « **rebondissement** ».

→ Le « **coup de théâtre** » désigne ce qui arrive de manière imprévue dans une action théâtrale. En général, il permet d'amener le **dénouement**. Même s'il est inattendu, cet événement ne doit pas pour autant être étranger à l'histoire. En général, il est préparé, de façon **apparemment anodine**.

→ Les **dénouements** varient selon le genre de la pièce.

• Dans les **tragédies**, ils sont **malheureux** en général.

• Dans les **drames**, ils peuvent être **malheureux**, mais l'auteur préfère arrêter sa pièce sur une **note positive**.

• Dans les **farces**, les **comédies** et les **vaudevilles**, ils sont **heureux** : tout rentre dans l'ordre, souvent en mieux.

ÉTUDE DE L'ŒUVRE

Séance **6**

L'ordre menacé et rétabli

LECTURE

Lecture du texte (œuvre intégrale)

Une famille éprouvée

1. Acte I, sc. 1 : en quoi le fait de faire démarrer la comédie par un conflit familial a-t-il un intérêt dramatique ?

2. À quels moments de la pièce la tension dramatique vous a paru être à son comble ? Comment a-t-elle été apaisée à chaque fois ? Quel est l'intérêt dramatique de cette alternance ?

3. Acte V, sc. 7 : à votre avis, pourquoi Molière a-t-il attendu le dernier moment et la dernière extrémité pour apporter l'apaisement général ? Les personnages (et le public) ont-ils le temps de l'apprécier ?

Un dénouement singulier (acte IV, scène 1 et acte V, scène 7)

4. Acte V, sc. 7, v. 315-324 : par quel moyen répété Cléante arrive-t-il à déstabiliser Tartuffe ? Comment Tartuffe s'en sort-il à chaque fois ?

5. Qu'est-ce qui a fait chuter Tartuffe ?

6. Orgon est-il devenu sage ? Quelle leçon a-t-il retirée de son aventure ? Et le public ?

7. Quel personnage Molière fait-il intervenir à la fin de la pièce ? Ce dénouement est-il traditionnel ?

La rédemption et la récompense (acte V, scène 7)

8. V. 345-366 : le portrait que brosse l'Exempt n'est-il que celui de Tartuffe ? Quel était l'objectif de Molière, à votre avis, en le plaçant à cet endroit de la pièce et en le faisant dire par un représentant du roi ?

9. Qui donne la rédemption et qui permet à la justice de s'accomplir ?

10. Montrez, en vous reportant à la présentation (p. 4-9), que le dénouement de l'intrigue correspond à celui de la création de la pièce *Le Tartuffe ou l'Imposteur*.

ÉTUDE DE L'ŒUVRE

145

Séance 6 **L'ordre menacé et rétabli**

Question de synthèse

11. Dans quelle mesure la dernière scène de la pièce valide-t-elle les enjeux établis initialement par Molière pour et dans sa pièce *Le Tartuffe ou l'Imposteur* ?

Lecture d'image

12. Que fait le personnage représenté sur le tableau ? Comment peut-on interpréter son geste et son regard ? Quelle fonction peut-on attribuer à chacun des objets placés devant lui ?

13. Faites une recherche sur saint François d'Assise. À quel moment de sa vie ce tableau le représente-t-il ?

Saint François d'Assise en extase, Bartolomeo Passarotti, 1587.

Étude de la langue (acte V, scène 7)

Grammaire

14. Quelles sont les différentes marques qui permettent au lecteur de comprendre la situation d'énonciation ? Relevez-les et classez-les.

15. V. 332-372 : relevez les propositions subordonnées relatives. Qu'est-ce qui justifie ici leur emploi répété ?

Lexique

16. Relevez les différents adjectifs utilisés par les personnages pour qualifier Tartuffe. Quel portrait de lui se précise ainsi nettement ?

17. V. 334 : que signifie ici le mot « fraude » ? Quels autres sens peut-il avoir ?

Séance 6   **L'ordre menacé et rétabli**

NOTIONS LITTÉRAIRES
La satire

→ On définit par le terme « satire » toute œuvre littéraire ou artistique dont l'objectif est de critiquer et de dénoncer les travers des mœurs et des institutions.

→ À l'origine, la satire (*satura*) est une courte pièce en vers de six pieds qui **dénonce les vices du temps**. Le poète latin **Lucilius** (IIe siècle av. J.-C.) fut le fondateur du genre, avant **Horace** (Ier siècle av. J.-C.) et **Juvénal** (fin du Ier siècle apr. J.-C.). Si la forme elle-même a disparu progressivement en France après Clément Marot (1496-1544), de nombreux auteurs entretiennent dans leur œuvre le **registre satirique**, en exploitant la raillerie, le sarcasme et l'ironie.

→ Le registre satirique se distingue du registre **ironique** (qui consiste à dire le contraire de ce que l'on pense ou de ce que l'on veut faire passer et qui provoque la surprise) et du registre **parodique** (qu'on ne peut déceler que si l'on connaît déjà ce qui est imité).

Étymologie

18. V. 298 : faites une recherche sur les différents sens du mot « infâme ».

EXPRESSION

Expression écrite

Dissertation

19. Dans quelle mesure le théâtre peut-il être un moyen de régler des comptes ?

Écrit d'invention

20. Faites le procès de Tartuffe. Rédigez les plaidoyers de la défense et de l'accusation.

Expression orale

21. Faites une recherche sur différentes mises en scène du *Tartuffe* et comparez le jeu des comédiens interprétant Tartuffe. Vous en déduirez quel est, selon vous, le parti pris du metteur en scène. Vous présenterez votre analyse sous forme d'exposé.

Séance 6 **L'ordre menacé et rétabli**

22. Faites une recherche sur la Compagnie du Saint-Sacrement.
Quelles sont ses missions ? Pourquoi s'est-elle opposée à la
représentation de la première version du Tartuffe, puis
aux suivantes ? Synthétisez et expliquez votre recherche.

PATRIMOINE

23. Lisez et comparez les trois « placets » présentés
au roi sur la comédie du *Tartuffe* (1664, 1667, 1669).
Dans quelles conditions et avec quels objectifs furent-ils
rédigés par Molière ? Comment parle-t-il de ses ennemis ?

24. À qui s'adresse la préface de 1669 ? Où pouvait-on
la lire ? Quelles concessions Molière y fait-il ?

Méthode | *Comment analyser la mise en scène d'une pièce de théâtre*

→ Pour comparer plusieurs mises en scène, il faut s'interroger sur différents
éléments.

– Le **décor, les costumes, le maquillage et les accessoires** : sont-ils
nombreux, chargés, ou peu utilisés ? Quelles informations donnent-ils
sur l'époque, le lieu, le contexte sociologique ? Quelles couleurs, quels styles
sont privilégiés ? Quels sont ceux qui apparaissent sans être indiqués par
le texte ? Pourquoi et comment sont-ils alors exploités ?

– La **lumière** : d'où vient-elle ? Est-elle vive, colorée, ciblée… ? Est-elle
associée à tel ou tel moment de l'action ?

– La **musique et les bruitages** : sont-ils présents ? La musique est-elle
originale, c'est-à-dire créée pour l'occasion ? Est-elle associée à tel ou tel
moment de l'action ? Quelle est la fonction des bruitages ?

– Les **voix, la diction, la prononciation** : le texte est-il respecté ? Comment
est-il prononcé ? Quels sont les modifications (lexique, diction
des alexandrins…) ou les ajouts (chansons, voix off…) ?

– La **gestuelle** : est-elle particulière, exagérée, attribuée à tel ou tel personnage ?

– L'**utilisation d'autres supports** : d'autres supports ont-ils été employés
(projection de photos, vidéos, graphisme, ombres chinoises…) ? D'autres arts
vivants (cirque, danse, marionnettes…) sont-ils également mis en scène ?
Quelle est alors leur fonction ?

ÉTUDE DE L'ŒUVRE

TEXTES ET IMAGE DANS LE CONTEXTE

1. Roman

ÉMILE ZOLA,
La Conquête de Plassans (1874)

Chapitre 5

Les soirées se succédant, on était arrivé aux premiers jours de février. Dans leur tête-à-tête, il semblait que l'abbé Faujas évitât soigneusement de causer religion avec Marthe. Elle lui avait dit une fois, presque gaiement :
– Non, monsieur l'abbé, je ne suis pas dévote, je ne vais pas souvent à l'église... Que voulez-vous ? À Marseille, j'étais toujours très occupée ; maintenant, j'ai la paresse de sortir. Puis, je dois vous l'avouer, je n'ai pas été élevée dans des idées religieuses. Ma mère disait que le bon Dieu venait chez nous.
Le prêtre s'était incliné sans répondre, voulant faire entendre par là qu'il préférait ne pas causer de ces choses, en de telles circonstances. Cependant, un soir, il traça le tableau du secours inespéré que les âmes souffrantes trouvent dans la religion. Il était question d'une pauvre femme que des revers de toute sorte venaient de conduire au suicide.
– Elle a eu tort de désespérer, dit le prêtre de sa voix profonde. Elle ignorait sans doute les consolations de la prière. J'en ai vu souvent venir à nous, pleurantes, brisées, et elles s'en allaient avec une résignation vainement cherchée ailleurs, une joie de vivre. C'est qu'elles s'étaient agenouillées, qu'elles avaient goûté le bonheur de s'humilier dans un coin perdu de l'église. Elles revenaient, elles oubliaient tout, elles étaient à Dieu.

Marthe avait écouté d'un air rêveur ces paroles, dont les derniers mots s'alanguirent[1] sur un ton de félicité extra-humaine.
– Oui, ce doit être un bonheur, murmura-t-elle comme se parlant à elle-même ; j'y ai songé parfois, mais j'ai toujours eu peur.

L'abbé ne touchait que très rarement à de tels sujets ; au contraire, il parlait souvent charité. Marthe était très bonne ; les larmes montaient à ses yeux, au récit de la moindre infortune. Lui, paraissait se plaire à la voir ainsi frissonnante de pitié ; il avait chaque soir quelque nouvelle histoire touchante, il la brisait[2] d'une compassion continue qui la faisait s'abandonner. Elle laissait tomber son ouvrage[3], joignait les mains, la face toute douloureuse, le regardant, pendant qu'il entrait dans des détails navrants sur les gens qui meurent de faim, sur les malheureux que la misère pousse aux méchantes actions. Alors elle lui appartenait, il aurait fait d'elle ce qu'il aurait voulu.

AUTOUR DE L'ŒUVRE

QUESTIONS

1. Relevez les termes appartenant au vocabulaire de la religion. De quelle religion s'agit-il ?

2. À votre avis, quel est l'objectif de l'abbé Faujas ? Comment procède-t-il pour atteindre son but ?

3. Quelle fragilité de Marthe ce passage révèle-t-il ? Quelle action à venir ce trait de caractère laisse-t-il envisager au lecteur ?

Vocabulaire
1. *S'alanguirent* : furent murmurés.
2. *Brisait* : affaiblissait.
3. *Ouvrage* : ce qu'elle était en train de coudre ou de tricoter.

2. Théâtre

FRANÇOIS MAURIAC,
Asmodée (1937)

Acte I, scène 4

BLAISE. – Moi qui vous place si haut !

MARCELLE. – Je vous répète que vous me placez trop haut et que vous vous faites sur moi d'étranges illusions... Je ne suis qu'une pauvre femme, Monsieur Coûture... et si je n'avais la charge de ce grand domaine, de cette maison, si je n'avais les enfants... il me semble qu'à certaines heures, je n'en pourrais plus de solitude.

BLAISE, *ardent*. – Non, non : vous savez bien que vous n'êtes pas seule.

MARCELLE, *le regardant dans les yeux*. – C'est vrai, je suis une ingrate : il y a Dieu.

BLAISE, *déçu, amer*. – Oui, oui, il y a Dieu.

MARCELLE. – Hélas, Monsieur Coûture, je ne suis pas quelqu'un à qui Dieu suffise.

BLAISE, *changeant de ton*. – Croyez-moi : il n'existe que très peu de femmes à qui Dieu suffise... Peut-être n'existe-t-il personne à qui Dieu seul suffise... Je ne vous scandalise pas, au moins ?

MARCELLE. – Vous m'étonnez un peu, je l'avoue.

BLAISE. – Peut-être me suis-je mal exprimé. Je crois, si vous préférez, qu'il faut être deux pour pouvoir s'élever jusqu'à lui, et que nous ne l'appréhendons jamais mieux que dans le cœur d'une créature aimée et qui nous aime...

MARCELLE, *riant*. – Vous m'apprenez là un drôle de catéchisme !...

BLAISE. – Pour beaucoup de femmes, le plus court chemin vers la perfection c'est... la tendresse. Cela ne veut pas dire qu'on doive s'abandonner à tous ses instincts, bien entendu !

MARCELLE, *moqueuse*. – Serait-ce par hasard l'enseignement qu'on vous a donné au séminaire ?

BLAISE, *furieux*. – Je déteste que vous me rappeliez que j'ai été séminariste... Mais vous le faites exprès !

MARCELLE. – Il n'y a pas de honte à avoir été au séminaire !

BLAISE. – Vous savez bien que je n'y ai pas traîné... et qu'au bout de six mois, j'avais déjà pris le large...

MARCELLE. – Tiens, je croyais que c'était vos supérieurs qui n'avaient pas voulu vous garder...

BLAISE. – Oh ! J'en serais bien sorti sans eux, je vous le jure ! Leur haine n'a fait que devancer mon désir...

MARCELLE. – Cher Monsieur Coûture, vous vous croyez toujours persécuté ! On a jugé simplement que vous n'aviez pas la vocation... Quelle raison vos supérieurs auraient-ils pu avoir de vous haïr, je vous le demande ?

BLAISE. – La raison ? C'est que j'avais pris trop d'influence sur mes condisciples... Je détournais la clientèle des directeurs, comprenez-vous ? C'est par jalousie qu'ils m'ont mis à la porte.

MARCELLE. – N'étaient-ils pas plutôt inquiets du trouble que vous répandiez ? Je crains que vous ne soyez pas juste envers ces messieurs.

QUESTIONS

1. Marcelle est-elle sensible aux avances indirectes de Blaise ? Montrez qu'elle est proche du personnage d'Elmire en citant quelques répliques du *Tartuffe*.

2. Pourquoi, à votre avis, Blaise ne veut-il pas que Marcelle fasse allusion à son passé de séminariste ?

3. Quel personnage domine l'autre ? De quelle façon ?

3. Photo

Mise en scène d'ÉRIC LACASCADE,
Le Tartuffe, Molière
Création au festival d'Avignon (juillet 2011)

QUESTIONS

1. Qui sont les personnages représentés sur la photo ? Comment les avez-vous reconnus ?

2. Commentez le décor et la position des comédiens. Comment pouvez-vous justifier cette proposition visuelle du metteur en scène ? Selon vous, comment les comédiens se servent-ils du décor pendant la représentation ?

3. Cherchez d'autres images illustrant cette même scène (photos, croquis ou vidéos). Indiquez de quelles représentations elles sont issues (nom du metteur en scène, date de la création et, éventuellement, lieu) et comparez-les.

LEXIQUE

A

Abyme (mise en) : procédé qui consiste à insérer une œuvre dans une autre (théâtre dans le théâtre ; roman dans le roman ; tableau dans un tableau...).

Acmé : au théâtre, paroxysme de l'intrigue, tension extrême.

Allégorie : figure de style dans laquelle une notion abstraite est représentée sous une forme concrète.

Allitération : effet sonore créé par la répétition d'une ou plusieurs consonnes dans une suite de mots proches.

Analepse : dans un récit, retour en arrière pour rappeler des événements passés.

Anaphore : figure de style dans laquelle le même mot (ou le même groupe de mots) est repris en début de phrase ou de vers.

Antiphrase : figure de style dans laquelle est sous-entendu le contraire de ce qui est dit ou écrit (procédé essentiel de l'ironie).

Antithèse : figure de style dans laquelle des mots ou des expressions d'une même phrase s'opposent (voir *oxymore*).

Aparté : au théâtre, paroles prononcées par un personnage et destinées à être entendues uniquement par le public.

Apologue : court récit à visée didactique ou morale (fable, conte...).

Apostrophe : figure de style dans laquelle une personne, un animal ou une chose (présente ou absente) est interpellée directement.

Assonance : effet sonore produit par la répétition d'une ou plusieurs voyelles dans une suite de mots proches.

C

Catharsis : fonction majeure de la tragédie. Le spectateur se libère de ses passions au travers de la représentation théâtrale.

Champ sémantique : ensemble des sens d'un mot selon différents contextes.

Connecteur logique : mot de liaison invariable qui marque les étapes d'une argumentation.

Connotation : signification secondaire associée au sens premier d'un mot (voir *dénotation*).

D

Délibératif (monologue) : dans la tragédie, longue tirade dans laquelle un personnage, confronté à un choix, hésite entre plusieurs voies possibles.

Dénotation : sens premier d'un mot ; celui qui est donné dans le dictionnaire (voir *connotation*).

Dénouement : au théâtre, fin de l'action, résolution de l'intrigue. Par extension, fin d'une histoire.

Didascalies : au théâtre, ensemble des informations données par l'auteur en dehors des répliques (lieu, époque, décors, indications de mise en scène, noms, attitudes des personnages...).

Discours : le type de discours varie selon les intentions de l'auteur (discours narratif, explicatif, argumentatif, descriptif, injonctif).

Discours rapportés : discours direct, indirect, indirect libre, narrativisé.

Ellipse narrative : dans un récit, événement(s) non rapporté(s) dans la narration.

Énonciation : fait de produire un discours. Ensemble des conditions dans lesquelles cet énoncé est produit (locuteur, destinataire, lieu, époque, visée des propos). Au théâtre, on parle de « **double énonciation** » car les paroles d'un personnage sont destinées aux autres personnages présents sur scène, mais également aux spectateurs. L'auteur de la pièce s'adresse, lui aussi, au public au travers de son texte.

Euphémisme : figure de style dans laquelle une réalité, considérée comme choquante ou déplaisante, est atténuée (ex. : « non-voyant » pour « aveugle »).

Excipit : dernières lignes, fin d'une œuvre.

Exergue (mettre en) : placer au début d'un texte pour présenter, expliquer (citation...).

Exposition : première(s) scène(s) d'une pièce de théâtre qui présente(nt) les personnages et l'enjeu de l'action.

Focalisation (ou point de vue) : angle de vue du narrateur sur les événements et les personnages d'un récit.

Focalisation externe : narration neutre et objective. Seuls les apparences et l'aspect extérieur des événements sont rapportés, comme si une caméra filmait l'action.

Focalisation interne : narration subjective. Les événements sont vus et analysés au travers du regard et du jugement d'un seul personnage.

Focalisation zéro : le narrateur est omniscient, il connaît tout sur les personnages (leurs pensées, leurs émotions...).

Gradation : figure de style dans laquelle les mots sont ordonnés selon une progression ascendante (du plus faible au plus fort) ou descendante (du plus fort au plus faible).

H

Hyperbole : figure de style dans laquelle une idée est mise en relief au travers de l'amplification, de l'exagération.

Hypotexte : texte source qui sert de point de départ à une réécriture (le texte produit est l'**hypertexte**).

Hypotypose : description vivante et d'une grande intensité qui donne l'impression au lecteur d'assister à la scène décrite.

I

Incipit : premières lignes, début d'une œuvre.

Intertextualité : dans un texte littéraire, ensemble des références, implicites ou explicites, à un ou plusieurs autres textes.

Introspection : réflexion sur soi, sur son être intérieur.

L

Locuteur : émetteur ou producteur d'un message (énoncé) adressé à un destinataire.

M

Métaphore : figure de style dans laquelle deux idées sont rapprochées, sans terme comparatif (ex. : « Votre âme est un paysage choisi », Verlaine).

Métonymie : figure de style dans laquelle un élément (être, objet, lieu...) est désigné par un autre en rapport avec lui (ex. : contenu désigné par le contenant).

Modalisateurs : ensemble des termes (verbes, adverbes, lexique valorisant, dévalorisant...) qui indiquent le jugement porté par le locuteur (argumentation).

Monologue intérieur : procédé narratif qui consiste à rapporter les pensées d'un personnage.

N

Narrateur : celui qui raconte l'histoire (à distinguer de l'auteur).

Nœud : au théâtre, point central d'une intrigue, moment où les personnages se heurtent à des difficultés majeures.

O

Oxymore : figure de style dans laquelle deux termes de sens contraire sont placés côte à côte.

P

Parabole : récit allégorique qui permet de dispenser un enseignement moral ou religieux.

Paradoxe : proposition contraire à la logique, au sens commun.

Paratexte : ensemble des éléments qui entourent le texte (nom de l'auteur, titre, préface, notes...).

Parodie : imitation dans un but comique.

Pastiche : écriture « à la manière de », imitation du style d'un auteur.

Périphrase : figure de style dans laquelle un mot est remplacé par une expression qui insiste sur ses caractéristiques.

Polysémie : caractère d'un mot ou d'une expression qui a plusieurs sens.

Prolepse : dans un récit, anticipation d'une situation à venir.

Question oratoire (ou rhétorique) : fausse interrogation, question qui n'attend pas de réponse.

Quiproquo : malentendu, méprise (effet comique au théâtre).

Registre littéraire : désigne l'ensemble des moyens utilisés par l'auteur pour susciter un effet particulier, une émotion face à un texte. Les registres sont divers : comique, tragique, lyrique, épique, polémique, pathétique, satirique, didactique, épidictique (admiration ou blâme).

Satire : critique par le rire d'un fait de société, d'une idée, d'un vice humain, etc.

Schéma actantiel : schéma qui présente l'ensemble des rôles (**actants**) et leurs relations. Un récit est considéré comme la **quête** d'un objet par un sujet. Le **destinateur** incite le sujet (le héros) à poursuivre cette quête, qui doit bénéficier à des **destinataires**. Le **sujet** peut être aidé par des personnages (**adjuvants**) ou, au contraire, il peut rencontrer des adversaires (**opposants**).

Schéma narratif : schéma qui détermine la structure d'un récit : situation initiale, événement perturbateur, péripéties, élément de résolution et situation finale.

Stichomythie : au théâtre, dialogue vif avec des répliques très courtes.

Thèse : point de vue défendu, opinion soutenue (dans un texte argumentatif).

Tirade : au théâtre, longue suite de phrases prononcées par un personnage.

Topos : (du grec « lieu ») cliché, lieu commun dans la littérature (ex. : le thème récurrent de la rencontre amoureuse). Au pluriel : **topoï**.

Classiques & Patrimoine

Dans la même collection, pour le lycée général et technologique et pour le lycée professionnel :

2de - 1re

LE ROMAN ET LA NOUVELLE
Honoré de Balzac, *Le Colonel Chabert*
Gustave Flaubert, *Un cœur simple*
Mme de La Fayette, *La Princesse de Clèves*
Guy de Maupassant, *Bel-Ami*
Guy de Maupassant, *Les deux Horla*
Guy de Maupassant, *Pierre et Jean*
Guy de Maupassant, *Une partie de campagne*
Émile Zola, *Portraits de femmes –*
Neuf nouvelles naturalistes
Émile Zola, *Le Rêve*

LE THÉÂTRE
Beaumarchais, *Le Barbier de Séville*
Pierre Corneille, *L'Illusion comique*
Marivaux, *La Double Inconstance*
Marivaux, *Le Jeu de l'amour et du hasard*
Molière, *L'École des femmes*
Molière, *Les Femmes savantes*
Molière, *Le Misanthrope*
Molière, *Le Tartuffe*
Jean Racine, *Andromaque*
Jean Racine, *Britannicus*
Jean Racine, *Phèdre*
William Shakespeare, *Roméo et Juliette*
William Shakespeare, *Le Songe d'une nuit d'été*
Sophocle, *Antigone*

LA POÉSIE
Guillaume Apollinaire, *Alcools*
Charles Baudelaire, *Les Fleurs du mal*
Victor Hugo, *Pauca meæ – Livre IV des Contemplations*
Arthur Rimbaud, *Poèmes*

L'ARGUMENTATION
Genres et formes de l'argumentation
Denis Diderot, *Contes philosophiques*
Montesquieu, *Lettres persanes*
François Rabelais, *Gargantua*
Voltaire, *Candide*
Voltaire, *Micromégas*
Voltaire, *Zadig*

2de PRO

CONSTRUCTION DE L'INFORMATION
Guy de Maupassant, *Bel-Ami*

DES GOÛTS ET DES COULEURS, PARLONS-EN...
Guillaume Apollinaire, *Alcools*
Pierre Corneille, *L'Illusion comique*
Molière, *Les Femmes savantes*
Molière, *Le Tartuffe*
Jean Racine, *Andromaque*
Jean Racine, *Britannicus*
Jean Racine, *Phèdre*
William Shakespeare, *Roméo et Juliette*

PARCOURS DE PERSONNAGES
Honoré de Balzac, *Le Colonel Chabert*
Gustave Flaubert, *Un cœur simple*
Victor Hugo, *Les Misérables*
Guy de Maupassant, *Cinq nouvelles réalistes*
Guy de Maupassant, *Boule de suif*
Guy de Maupassant, *Pierre et Jean*
Guy de Maupassant, *Une partie de campagne*
Émile Zola, *Portraits de femmes –*
Neuf nouvelles naturalistes
Émile Zola, *Le Rêve*

1re PRO

DU CÔTÉ DE L'IMAGINAIRE
Guy de Maupassant, *Les deux Horla*
Guy de Maupassant, *Cinq nouvelles fantastiques*
Prosper Mérimée, *La Vénus d'Ille*
Edgar Allan Poe, *Quatre histoires extraordinaires*

LES PHILOSOPHES DES LUMIÈRES ET LE COMBAT CONTRE L'INJUSTICE
Genres et formes de l'argumentation
Denis Diderot, *Contes philosophiques*
Victor Hugo, *Le Dernier Jour d'un condamné*
Marivaux, *La Double Inconstance*
Montesquieu, *Lettres persanes*
Voltaire, *Candide*
Voltaire, *Micromégas*
Voltaire, *Zadig*

L'HOMME FACE AUX AVANCÉES SCIENTIFIQUES
Bram Stoker, *Dracula*
Jules Verne, *Le Tour du monde en 80 jours*

Tle PRO

LA PAROLE EN SPECTACLE
Beaumarchais, *Le Barbier de Séville*
Molière, *Le Misanthrope*
William Shakespeare, *Le Songe d'une nuit d'été*

Conception graphique : Muriel Ouziane et Yannick Le Bourg.
Édition : Claire Le Cam.
Illustrations des frises : Benjamin Strickler.
Réalisation : Nord Compo, Villeneuve-d'Ascq.
Crédits iconographiques : © ArtcomArt : p. 159 ; © BnF : p. 134 ; © Bridgeman Art Library : p. 126 et p. 142 ; © Leemage : couverture et rabats de couverture (reprise p. 130), p. 138 et p. 146 ; © Martial Lorcet : cadre de couverture.

Aux termes du Code de la propriété intellectuelle, « toute reproduction ou représentation intégrale ou partielle de la présente publication, faite par quelque procédé que ce soit (reprographie, microfilmage, scannérisation, numérisation…) sans le consentement de l'auteur ou de ses ayants droit ou ayants cause, est illicite et constitue une contrefaçon sanctionnée par les articles L.335-2 et suivants du Code de la propriété intellectuelle ».
L'autorisation d'effectuer des reproductions par reprographie doit être obtenue auprès du Centre français d'exploitation du droit de copie (C.F.C.) – 20, rue des Grands-Augustins – 75006 PARIS – Tél. : 01 44 07 47 70 – Fax : 01 46 34 67 19

© Éditions Magnard, 2013.
www.classiquesetpatrimoine.magnard.fr

Achevé d'imprimer en janvier 2016
par «La Tipografica Varese Srl»
N° éditeur : 2016-0794
Dépôt légal : juin 2013